意識は次元を超えて

星海ケン

－NEUTRAL－

ナチュラルスピリット

この本を

私を常に好奇心で導いてくれる
ボブ・モンローに

私に惜しみないサポートをしてくれる
ブルース・モーエンに

何万年もの時を超え、共に地球に訪れた仲間たちに捧げる

目次

チャネリングメッセージ

お互いに協力して、成すべきことを実現しましょう
それは、多くの人たちの助けになります
物質的な次元において、あなたの協力が必要です
サポートに必要な、すべての準備は整っています

2015年11月22日

リサ・ロイヤル・ホルトのチャネリングコースで、自動書記という
エクササイズにて、受け取ったメッセージ

アップルシード

ブルース・モーエン

（＊ここはブルース・モーエン氏の口述を著者が記した文章です。以降同様）

いつの時代においても、どのような分野においても、リーダーと呼ばれる存在がいます。

リーダーとは、自分の成すべきことを、知っている人のことです。

目指すべきゴールに向かって、自分の道を歩いて行くことのできる人です。

リーダーにとって、他人がついて来るかどうかは、まったく問題ではないのです。

そこに道があるかどうかも、関係ありません。

自らの好奇心の赴くままに、誰とも違う道を歩んで行くのです。

人類にとって、大きな貢献をもたらすリーダーもいますが、そのことを考えながら、それを求めているわけではありません。

パイオニアにとって、結果的にどうであるかなど、重要なことではないのです。

そのリーダーの歩んで行く道を、追いかける人たちもいます。

リーダーの開拓したものを育てる、とても重要な役割を持った人たちです。

私の場合も、始まりは、自らの好奇心を満たす、探究心だけでした。

私の道を追従し、私の蒔いた種を育てる人たちが現れました。トレーナーがその人たちです。トレーナーは、実際に第一線で人類に貢献しています。


アメリカの昔話になりますが、ジョニー・アップルシードと呼ばれた人がいました。

彼は、リンゴの種を蒔きながら、国中を旅していました。この国にリンゴを広めようという目的意識を持っていましたが、彼は豊かな土壌を見つけると、そこにリンゴの種を蒔くだけで、それ以上のことはしませんでした。

今度は、そのリンゴの木を、育てる人たちが現れました。水や肥料を与え、収穫までのお世話をするのです。この人たちがいなければ、彼の功績も報われませんが、彼はそんなことを考えながら、事を成しているわけではないのです。

一つの目的に対しても、様々な役割の人たちが必要なのです。種を蒔くだけの人も、お世話をするだけの人も、そこに上下関係はありません。リーダーと呼ばれる人も、それに追従する人も、自らが選択してきた役割分担があるだけです。

私は、これまでにもリーダーを見てきました。ボブ・モンローが、その一人です。（ボブはロバートの愛称）

ケンもまた、リーダーです。ケンと出会った最初の頃から、私はそう確信していました。

1. プロローグ　名のない世界

今この瞬間に私たちが存在しているのは、物質的な次元と認識されている世界です。私たちはこの次元を絶対的な存在として、この世界の価値観で構築された強固な信念を抱いてしまいます。それはこの次元が、私たちが認識できる唯一の世界だからです。

非物質的な世界の存在も、非物質的な生命の存在も、物理的な科学をベースにしている限り、その存在が受け入れられることはないでしょう。科学的な論点で肯定（証拠・証明）されないものは、否定されるべきという考え自体が、この世界の価値観で構築された信念体系であると思いますが、私たちが抱いている信念は、とても強固なもので、この物質的な次元を唯一の完璧な世界として、絶対的な存在にしてしまっています。

完璧に見えるこの世界が、意識によって創造された世界かもしれないなんて、論外で話にもならないと決めつけてしまう人が、おそらく多いのではないでしょうか。

何が真実なのか、構築されてしまった信念によって、真実が見えなくなってしまう場合も、あるのではないでしょうか。

かつて地球は平らで、世界の端からこぼれてしまうと、信じられていたように。

かつて地球は宇宙の中心で、星々が地球の周りを回っているのだと、信じられていたように。自分が抱いてしまっている信念体系が、真実を見失わせてしまうこともあります。

本当はこの物質的な世界も、意識領域の一つでしかありません。

私たちは、この意識領域での体験を求めて、ここに生まれて来ています。

それは《私》という個人の意識レベルではなく、私のハイアーセルフである私たちの意志で、この意識領域での体験を求めてここに来ているのです。

今ここに存在している私は、《何も知らない意識》を体験したくてこの状態を選択しているので、意識が求めている本当の人生は、【今この瞬間】を体験することです。

ハイアーセルフは、自分自身です。自分が体験することは、自分自身が求めることであり、すべてが最善であるように、私たちは計画しています。

ただ、計画についていないのは、何も知らない状態でそれを体験しないと、意味がないからです。

「意識」が物理的次元にフォーカスするためには、肉体（ＢＯＤＹ）という物理的媒体が必要になります。

「意識」は、ＢＯＤＹという殻の中に入らないと、この次元での体験をリアルにすることができません。ＢＯＤＹの中にいるからこそ、この世界をリアルだと認識できるのです。

ただし、ＢＯＤＹを支配しているのは「脳」になります。ＢＯＤＹを動かしているのは、「意識」ではなく「脳」です。

「脳」は、身につけた知識の他には、物理的世界の経験から学びます。自らの体験のみが、信頼を得る根拠となります。

今現在私たちの本質は、このＢＯＤＹの中に閉じ込められています。

このＢＯＤＹの支配者である「脳」とは別に、「意識」があるということを本当は知っているのに、「脳」は、その存在の証拠を求めようとします。

「脳」は、物理的な証拠がないと信頼できない、というような信念を抱いています。

しかし意識は、肉体を媒体としないと、この次元での体験をリアルにすることができません。そして厄介なことに、肉体は、脳が支配しています。脳に支配されている以上、思考は、意識を上回ってしまいます。物質的現実においては、物的証拠によって確証を得ることで、真実であるという錯覚に陥ってしまいます。

私たちの意識が認識できる意識領域は、私たち人間の意識領域の他に、動物の意識領域、植物の意識領域、鉱物の意識領域があります。そして、残念ながら私たちの文明がその存在を否定している、人間の死後の意識領域があります。

私たちはこの一つ一つの意識領域を、主に「次元」という言い方をしますが、私たちのハイアーセルフは、「密度」という表現をしています。

私たちの文明においては、人類は発祥からまだわずかに5000年しか文明と呼べる歴史を歩んでいないと、現在の歴史では認識されています。その5000年の歴史で、目覚ましい進歩を遂げた科学は、人間の生活を豊かにし、かつてない程、人類に大いなる繁栄をもたらしてくれました。ただし、物理的には……。

疑問に感じたことはありませんか？

地球の誕生から実に46億年。この星の文明においては、私たち人類は、たった一度だけしか生まれていないのでしょうか？

地球規模での火山活動による種の大量絶滅は、史上何度となく繰り返されてきました。この星に息吹いた生命の実に90％もの種が、失われたこともありました。

7万5000年前の大噴火とその後の地球規模での環境変動により、私たちの祖先が、わずか5000人にまで減少してしまった時期もありました。

かつてこの星に君臨していた恐竜は、およそ1億8000万年もの間この星を支配してきたのに、進化を遂げることはありませんでした。猿人もまた同じです。600万年前から誕生していたのに、進化を遂げることはありませんでした。原人も200万年前。新人も20万年前。しかし何万年を費やそうとも、科学が発展することはありませんでした。

農耕や牧畜といった生活基盤が生まれたのがわずか1万年前。食料の生産以外のいわゆる技術者といった職人が生まれたのは、7500年前。そして文明と呼ばれる統治が始まったのが、たった5000年前のことです。学問という常識が教えてくれる歴史では。

縄文時代は、およそ8000年も続いた一大文明を築きました。驚いたことに、その8000年もの間、戦争のような侵略や争いがなかったと言われています。ある意味では成熟した完成形の文明だったと言えるのではないでしょうか。助け合い、生きていくことだけでも大変だったのかもしれませんが、まさに人類は一つを実践していたのだと思います。おそらくは支配者層が存在しなかったので、搾取も侵略もなかったのでしょう。

それでも８０００年もの間、科学的な発展を遂げることはありませんでしたが、よりシンプルに、助け合い生きるという意味で、現代人よりも大いに成熟した精神的成長を遂げた文明だったかもしれません。私たちの文明の方が発展していると、物理的な繁栄だけで優劣を判断する基準は、私たちだけの価値観でしかありません。

天の川銀河に存在する知的生命体は、その星に適合した生命を原型とした遺伝子操作によって誕生しています。一つの種が何万年を生き延びようと、環境の変化に適合する変容を遂げていく程度で、進化と呼ばれる程の変容を遂げることはありません。すべての種族は、遥かに進化した存在たちの手によって創られていったのです。一なる意識から切り離された意識が、自らの意識領域の中に、新たな意識領域を創り続けたように。

私たち人類は、この星に存在していた新人を原型に、遥かに進化した存在たちによって創られた存在です。もしも６５００万年前に隕石が衝突せず、恐竜が繁栄を続けていたとしたら、私たちは恐竜を原型とした爬虫類型のヒューマノイドとして、創られていたかもしれません。

私たちは地球の固有種と、私たちを創造した宇宙人とのハイブリッドです。

私たちの文明が、この星で最初に誕生した文明ではなく、過去には「アトランティス」「ムー」

「レムリア」と呼ばれていた文明も存在していました。その文明の存在を証明しましょうとか、そういったテーマをこの本の中で論ずることはありませんが、私もあなたも、その時代を生きていましたから、本当は【知っている】はずです。閉ざされた意識の中で、繋がりを絶たれてしまった状態では、教えられた常識が真実であると認識してしまいますが、誰もが、本当は【知っている】のです。

今ここに存在している意味さえも。

何のために生まれて来たのか。ここで何をすべきなのか。ただ、すべてを知らない意識として、繋がりさえも忘れてしまっている状態での体験を求めているので、ここが唯一のリアルであると認識できているのです。

本当は、過去も現在も未来も次元も超越したところで、同時に存在している自分たち。すべてを同時に体験している自分たちですが、私たちはそれを知る由もないし、それを知る必要もないでしょう。繋がりを絶つことで、ここが現実になるのだから。せっかくここに意識がフォーカスしているのだから、この現実を楽しみましょう。

ほとんどの方は、「人生の意義」について考えたことがあることでしょう。決して四六時中考えるテーマではありませんが、思い出したように疑問に感じるテーマであろうと思います。日常のあれやこれやといったしがらみや悩みがないときでもないと、そんなことを考えている暇もないでしょうから、これはきっと幸せなテーマなのでしょう。

「この物質的世界に、何のために生まれ、何のために生きて、そしてなぜ死んでいくのか」それはつまり、自分自身の存在意義であり、誕生から消滅までの、最も根源的で、最もシンプルな疑問であると思います。今ここに存在している意義を見出すことは、「何をするためにここに来たのか」という目的意識も伴います。


私の場合、人間の死後の意識領域が存在することを知らなかった頃は、特にこの「死」というものがもたらす意義が、理解し難い現実として、このテーマをうやむやなままにさせてしまっていました。この物理的な世界において「死」を定義付けるものは、「肉体の死」ということになります。肉体としての存在が寿命を迎えたとき、この物理的な世界に留まっていることができなくなってしまいます。今の私は、肉体はこの世界に存在するための一時的な殻であることを知っていますが、この考えは一般的ではなく、常識的な考えではありません。

それでもおそらく、日本人の多くは「死をもってすべてが終わる」とは考えていないと思います。肉体の死後も、何かが続いていくはずだと、おぼろげながら思っていることでしょう。

先祖を敬い、お彼岸やお盆といった風習を大切にしているのも、「死をもってすべてが終わる」とは、本当は思っていないから……ということも、あるのではないでしょうか。

「私たちは、どこから来たのか?」

現在の自分の存在意義と共に、きっとこの根源を求めるテーマについても、誰もが抱いたことのある疑問だと思います。

物理的な生命の誕生のことではなく、肉体を宿して地球に生まれて来る前に、私たちの意識は、果たしていったいどこにいたのか。そこでは、何をしていたのか。生きる目的はあったのか。いったい、どのように生きていたのか。果たしてそこでも、尽きる命はあったのか。地球と同じように、物理的な次元に存在していたのか。それとも、非物質的な次元だったのか。私は、私だったのか、それとも、私たちだったのか。

どれほど想いをめぐらせようとも、決して尽きることのない壮大なテーマであろうと思います。好奇心さえあれば、ルーツを探しに旅をしてみるのも楽しいでしょう。

「私は、ここで何をするのか? なぜ、どうして、地球に生まれて来たのか」

今ここに存在している私という個人は、私以外の存在を他人と認識します。私たちの意識は、お互いの思考が決して相手に伝わることはなく、個人としての意識が完全に確立された状態、閉ざされた意識として存在しています。とても不自由で、ひどく未成熟な世界とも言えるでしょう。私たちは、お互いが考えていることを、計り知ることはできません。しかし完全に閉ざされた個人の世界が確立しているからこそ、人間としての人生は面白いものとなるのでしょう。エゴが成立するからです。つまり個人としての欲求を満たす行為は、苦痛以上の快楽があるからこそ、人間中毒となり、輪廻を繰り返してしまうのではないでしょうか？

私たちは、この対極に満ちたエネルギーの世界で、必然的に葛藤を抱えてしまいます。多くの人は傷つき、「痛み」や「恐れ」といった感情を抱え込んでしまいます。そのことによって、自ら「カルマ」を生み出してしまいます。前世からの「カルマ」など、本当は存在してはいないのに、経験が抱え込んでしまった感情がそれらを創りあげ、「カルマ」だと思い込んでしまうのです。私たちがＢＯＤＹを離れた後も、物質的に手に入れたものは持っていくことはできませんが、感情は逆に、手放すこともできません。「痛み」や「恐れ」といった感情や葛藤は、死んでもリセットされません。

「何のためにここに生まれ続け、ここで生き続ける意味は何なのか？」

私たちが存在するこの世界では、「脳」が自我を形成し、エゴという信念を創り出す。

人間ならば三歳頃までには自我に目覚め、無意識の内にエゴが生まれる。

二極化の対極に満ちたこの世界では、自我によって生み出されたエゴに苦しむ。

それでも、ここでしか体験することができない素晴らしい感情を経験し、精神性を成長させることが、何度も繰り返し生まれ来る理由なのではないでしょうか。

この考え方は、この物理的世界を基準とはしていませんが、私たちの本質は、肉体に拠らず、還るべき本体があることを知っているなら、受け入れられるでしょう。

私たちが肉体的な死を迎え、この世界を去ったときに、唯一持って還ることができるのは、経験だけです。何も成長をしないで、還るわけにはいきません。


「私たちは、どこへ行くのか?」

この物理的世界には、時間があり、限りがあり、不変なるものなど何もありません。

わざわざ生まれて来た命でさえ、いつか必ず果てていくもの。

しかし、私たちの本質は「肉体」ではなく、「意識」です。たとえ「肉体」が果てようとも、「意識」は存在し続けます。決して消滅することはなく、旅はまだまだ続いていきます。

エゴを手放し、人間の意識領域から解き放たれたとき、この地球での人間としての旅は終わりを告げます。新たなる意識領域へと旅立つために。

「集合意識の世界」

そこに私は存在し、ここにも私は存在している。そしてさらに波動の高い意識領域にも。人間の意識は、多次元に存在している。完全なるパーソナルとして閉ざされた思考の物理的次元だけではなく、死後の世界へ、そして人間を卒業した意識領域の世界へと。

もしもそれを知る術があったとしたら、あなたの好奇心がウズウズしないだろうか？

集合意識の世界とは、どういう意識領域なのだろうか？

私たちが存在しているこの物質的な現実世界では、存在するすべてのものに、便宜上、名前が与えられている。

例えば、私たちの住んでいる星は、地球。地球が存在している場所は、太陽系。地球は太陽系の第三惑星。太陽から近い順番に、三番目ということ。この順番は、地球を基準にしていない。太陽系が存在している場所は、天の川銀河。天の川銀河の一番ご近所さんは、アンドロメダ銀河。

もちろん国にも人にも名前がついていて、例えば国であればアメリカや日本。人であればモンローさんやモーエンさん。

植物にも、松、竹、梅。

動物にも、ライオン、サル、イルカ。

野菜にも、トマト、白菜、ニンニク。

食べ物にも、ラーメン、パスタ、ビーフシチュー。エトセトラ・エトセトラ……。

自分のペットには個体を識別するために、自分で名前をつける。

新しい星や、新種の植物や、生物を発見すれば、命名権という権利がもらえて、名付け親にもなれる。

私たちの存在しているこの物質世界では、自分と他者とが、明確に分離されている。

100人いたら100人分、各個人を識別するためには、名前が必要となってくる。

それはすべてのものに名前がないと、意思の疎通が困難になるからだ。

長年連れ添った夫婦にでもなれば、「おい、あれどこにしまったっけ？」のように、「あれ」「これ」「それ」で、話が通じ合ってしまうこともあるかもしれない。

もしくは「んー」の一音だけで、（お茶）と認識できるつわもの夫婦もいるだろう。

話を元に戻すが、この物質的な現実世界では、「私」と「あなた」は、明確に分離されている。

何かを指し示すにも、名前の存在は絶対だ。

それは、名前がないと不便だから？　逆に考えてみると、どうだろうか？

名前の存在しない世界。名のない世界が成立するとしたら、何が必要だろうか？

それとも、何が不要だろうか？

答えは一つ。「私」と「あなた」の境界線。

これを読んだとき、直感でピンときた人と、何をバカな問答をしているのか？と、あきれかえる人に分かれるだろう。何事も「ない」から入る否定的な考えは、一旦棚上げにしていただいて、名のない世界のことを考えてみよう。

「私」と「あなた」の境界線とは、「私」と「私以外のすべて」でもある。「私」と「私以外のすべて」に名前がなければ、どのように個人や物を識別し、コミュニケーションを図れば良いのだろうか？

この閉ざされた思考を使って考えていては、辿り着けないかもしれないが、きっと安易に思った人もいるはずだ。テレパシーのような能力が存在するのなら、それは可能かもしれないと。テレパシーとは、思考でお互いが意思疎通できる能力のこと。「思考が筒抜けになるなんて、冗談じゃない」って思うかな。もしもそれがすべてではなくて、伝えたいことだけが伝わるとしたら。でも、この段階でもまだ、「私」と「あなた」の境界線は、存在している。

あなたは、「自分自身が存在する現実世界が、唯一の現実世界である」という思い込みの中で生きている。それはあなたが認識しているこの世界が、存在できる唯一の世界だと、思い込んでいるからだ。
死後の世界という、非物質的な現実世界も存在するのだ。あなたが肉体を失ったとき、あなたの認識できる現実世界が変わるまで、その存在を認めようとはしないかもしれない。この世界で培ってしまった信念は、自分の想像以上に、はるかに強固なのだ。

ブルースは、死後の世界の探索を「信念体系をぶち壊すのに、とても都合が良い場所である」と、話していた。それは同じ人間の意識領域でもあるので、証拠をもらうことも可能だからだ。だから、あなたの現実世界を作り上げている信念をぶち壊すのに、死後の世界の探索は、とっても有効なツールになる。人間の信念が大きく反映されている世界なので、探索をするにも好都合なことが多い。その結果、あなたが認識できる意識領域が広がれば、新しい現実世界の存在を、受け入れられるようになる。

これまでの常識という信念は、見えるもの、理解できるものだけで、自分の存在する世界を創造してしまっているのだ。今現在、あなたが受信している放送局は、わずか1チャンネルという、とても限られた世界の中でその信念が構築され、生きているのだ。

あなたの意識が拡大し、認識できる現実世界が変わったとき、名前の必要ない現実世界を理解できるようになるでしょう。「私」と「あなた」の境界線がない現実世界を。

私たちは、〈物質的な世界が唯一の現実世界である〉としか認識できない現実に生きるのではなく、意識とは多次元に存在し、物質世界での生を終える時を迎えたとしても、〈意識は次元を移行して行くだけである〉と、私たちが存在している現実がたった一つではないことを理解して、この完璧に機能しているアースライフシステムから旅立つのです。

意識の変容の旅は、まだ始まったばかり。水面に投げ込まれた小石が、その波紋を広げんと、まさに波立つ瞬間。それは、スローモーションのように、ゆっくりと、ゆっくりと広がっています。この本を読み終えたあなたの意識もまた、その小さな始まりの波紋に加わり、ゆっくりと波を動かしていくのです。

それでは、あなたと共有する冒険の旅、第二章。コーヒーでも飲みながら、ゆっくりとした時間を楽しんで。あなたの高次の存在も、この時間を共有することを、とても楽しみにしています。これを読み進めるうちに、あなた自身の高次の存在を感じたなら、ぜひ会いに行ってみましょう。自分自身との繋がりを、再び思い出すために。

「Ｈａｖｅ　ｆｕｎ！」

さあ、楽しんで！

2. After the Workshop

私のスピリチュアルな旅は、２００７年に参加した「ブルース・モーエン　ワークショップ」にて、ある衝撃的な出来事を経験したことから始まった。「ブルース・モーエン　ワークショップ」とは、死後探索をテーマとしたワークショップである。なぜ死後探索などをテーマとしたワークショップに参加しようと思ったのか、もちろん好奇心もあったと思うが、それ以上に藁《わら》にも縋《すが》る気持ちが強かった。というのは、私は子供の頃から、おそらく通常は人が一生経験することはないであろうと思われるような、物理的には理解し難い奇妙な出来事を体験したり、日常的に幽霊の存在に悩まされていたのだが、最終的には幽霊に対する恐怖から逃れるのではなく、それらの奇妙な出来事を理解しようという想いに至ったからだ。

スピリチュアル系のセミナーやワークショップなどに参加をするのも人生初体験で、ここに参加をすることには、少なからず抵抗があった。いや、正直、かなり抵抗があった。この年の二月に、日本で最初のワークショップが開催されたのだが、散々迷いに迷って、結局参加を見送った。その後はやはり、後悔の念を繰り返し、やっぱり行っておけば良かったと、ウジウジしていた。それからわずか半年後、再びワークショップが開催されることになり、気持ちは飛びつきたいはずなのだが、参加を決断するまでには、相当迷いに迷った。一番の理由は、経済的な事情であった。この当時の自分は、決して恵まれた収入ではないことを自覚していたし、独り身ではない自分にとって、これほどの金額を思い切れるだけの勇気は、簡単には持てなかった。結局、この年と翌2008年のワークショップに、二年間続けて参加することになったのだが、このワークショップに参加するまでに経験した、代表的な奇妙な出来事や、ワークショップでの衝撃的な出来事については、一冊の本『人は死んだらどこに行くのか』(ハート出版　2010年)に記したので、ぜひ読んでいただければと思う。この本は、ほぼ体験談のみを綴っているので、あたかも自分自身のことのように追体験をしてもらいたいし、そこに、あなた自身との共通項を見出し、新たな世界の扉を開くきっかけになってもらえればと、想いを込めた。

このときの体験を経て、私が辿り着いた結論は、スピリチュアルとは、霊的成長を遂げることであり、そして社会生活の中でこそ、人は成長していくのだと感じた。

スピリチュアル系のワークショップに参加して、この物質的世界が唯一ではなく、死後の世界も存在し、さらには人間を卒業した意識も存在しているという、人智の理解を超越した体験をするに至った。しかし、スピリチュアルにどっぷりとはまるのではなく、日常生活の中でこそ、素晴らしい霊的成長が遂げられるのだと思った。

人は一人では成長できない。仮にこの世界に、自分がたった一人だけで存在していたとしたら、何かに気づくことができるだろうか？　善いことも悪いことも、自分以外の誰か、対象が存在しないと、そこにドラマは生まれない。まるで「ただ、そこにあるのみ」という状態で存在してしまう。人間関係があるから、感情があるからこそ、ドラマは生まれる。

一なる意識が何を求めて分離の体験を始めたのかは分からないが、これほど壮大なドラマになることなど、きっと想像だにしなかったことだろう。

人は「個」の存在だという思い込みの中で生きているが、私という意識は「個」の存在ではなかった。人は人と接してこそ、得られる学びがある。自分だけが霊的成長を遂げ、進化したつもりになってもダメなのだ。自分とは「個」であって、「個」ではない。すべての存在を自分として、慈しんでこそ、霊的成長は成しえるのだと思う。そして自分の肉体を失ったとき、持ち帰れる唯一の財産は、経験という霊的成長だけだと思う。


あなたにとって、『spiritual（スピリチュアル）』とは何だろう。

あなたがスピリチュアルに求めているものは、何だろうか？

そもそも、「スピリチュアル」とは、いったい何だろうか？

ヒーリング、リーディング、チャネリング、サイキック、ミディアム、引き寄せ、願望実現。一口に「スピリチュアル」と言っても、かなり多様なジャンルに分かれていて、特に決まった定義付けがなされているわけではないので、「スピリチュアルな生き方」を実践すると言っても、何を以って判断するのか、基準はない。

結局は「個々の信念や価値観」でもあり、「個人の主観によるもの」でしかない。

それから、「スピリチュアル＝胡散臭いもの」という考えも、払拭できない要素の一つだ。


そもそもの語源はキリスト教用語で、霊（スピリット）から派生した言葉で、霊的な事象全般を指していたと思われる。スペルを見てみると、「spirit」と「natural」が融合して「spiritual」になっているように思える。そういうわけではないのかも知れないが、「spirit(霊)」

思える。

少なくとも、「spiritual」とは、オカルトではないと思えるし、胡散臭いものでもないと思える。

と「natural（自然の）」、この言葉を並べたときに、私にはとてもしっくりとくる感覚がある。

私は、「スピリチュアル」を学ぶことで、新たな視点（物質世界だけが唯一ではない）を通して、この世界の価値観や存在意義を問い、「今」が満たされた瞬間であることに気づいた。

不安や恐れや悩みがなくなり、充実した日々を過ごせるようになると思っている。

この現実（物質世界）に来た意味は何なのか？を考えたときに、ここでしか学べない感情や体験から本質的な成長を遂げないと、この現実の存在が無意味に思えてしまう。

ただしこの考え方は、この物質世界を基準とはしていない。

それは（私の本体はここではない）という自覚があるからであるが、この考えは「これが絶対にそうだ」と教えを説いているものではなく、あくまでも私の主観による考えをシェアしているだけなので、参考程度に受け止めていただければと思う。

私のスピリチュアルな旅が始まった、2007年と2008年のブルース・モーエンのワークショップ。そこで自分に起きたことは、何であったのか。まず自分の体験を整理する意味でも、初めに文章に書き起こすという作業をした。

書いているときには、一つ一つの場面や、そのとき交わした会話も鮮明に思い出され、最後まで頭をひねって考えるということはなかったし、一気にスラスラと書き綴った。キーボードに入力するのが追いつかないくらい、頭の中では次から次へと、同時進行で複数の場面を思い描いていた。この間（自分は絶対何かに繋がっている！）という、変な自信もあった。というよりも、もう既に向こう側にこの本はあって、それを自分がダウンロードしながら書いている、という感覚の方が、より近いと思う。

書き上げた文章を、本にする前提で構成や流れを考え、体験談によらない部分を付け足していった。完全に個人的な見解を、いくつか書き上げていった。

とりあえず草稿として、出版された内容と、ほぼ同じものができあがった。

私にはこのとき、この原稿を、真っ先に読んで欲しい人がいた。この当時、原発不明癌で闘病中であった叔父である。この叔父とは、ただの親戚関係よりも、もっと深い付き合いがあったので、歳は離れていたが兄のように慕っていた。詳しい事情は知らないが、自分が中学生の頃に、自分の六畳の和室に居候していたときがあって、寝食を共にしていたのだ。その大好きな叔父が、末期癌に侵されていたのだ。

ちょうどそのタイミングで、自分は死後の世界について学ぶ機会があり、その体験を本に綴った。だからこの本を読んでもらえれば、死という未知なる恐怖から少しでも開放されるかもしれず、残された時間を怯えることなく、有意義に過ごしてもらえるのではないか？と、本気で考えていた。

叔父が死に対する恐怖を抱いていたのはわかっていたし、辛かった。もしかしたら、少しでもその恐怖を和らげることができるかもしれないと、その一心で原稿を送った。

しかし、（これを読んでもらえたら、少しでも死に対する気持ちが変わるのではないか？）という自分の考えとは裏腹に、それは結果的に叔父をひどく傷つけ、怒らせてしまうだけの行為だった。叔父が死を受け入れ、向き合う覚悟をしているのなら、少しはこの本は読む余地を与え、価値があったのかもしれない。しかし叔父は、死を受け入れてはおらず、必死に生きようともがいていたに違いなかった。最後の瞬間まで生きようとしていた叔父に、死後の世界の体験談などを送っても、馬鹿にしているのか！と、怒りを買うだけなのは当然であり、とても愚かな行為であった。この件は自分自身にとっても、ひどく傷つく出来事となってしまった。

余命を覚悟しながら生きる人や、それを支える身近な人にとって、死後の世界の体験談を綴ったこの本は、少しでも希望になるかもしれない……。そんなことを望んでいた、自分の愚かさ。そんな思いは、自分の思い上がりであり、自惚れでしかなかった。死への恐怖を和らげるどころか、生きようとする人への侮辱行為でしかなかった。

ただ、このタイミングで送ったことには、自分なりの理由があった。実は原稿を書き上げて、すぐに送ったわけではなかった。叔父とお盆に会ったときに、叔父の死期を悟ってしまったからだった。そのときはまだ元気だったのだが、(年は越せない……12月頃か……)と、何の根拠もなかったが、直感でその時期が浮かんでしまったのだ。元気な時間は、もう本当に長くはないであろうと、嫌な予感がしたので、叔父が帰ると同時に原稿を送ろうと決めた。まだ本が読める元気な内に、読んで欲しかったから。

叔父はおそらく、最後まで読んではいないと思う。もしかしたら、ほとんど読んではいないのかもしれない。この一件で、叔父をひどく傷つけ、怒らせてしまったことにより、自分もまた傷ついてしまい、この原稿は世に出すことなく、封印してしまおうかと思った。だからブルースから出版の許可を得た後も、しばらく出版社には送らずに、寝かせることにした。せめて叔父が存命の間は、本にすることは止めようと思って。

ブルース・モーエンのワークショップで、たくさんの興奮する出来事を体験し、全く新しい世界の存在を真実と受け入れ、現実生活も大きく変わっていった。

自分はもしかしたら、死の恐怖に怯えている誰かを、そこから解放することができるかもしれない……と自惚れ、浮かれていたから、叔父とのこの一件で、一気にどん底に落ちてしまったような気持ちになった。大切な人を、人生の最後に傷つけてしまい、ただただ後悔しか残らなかった。

そんな思いや、まだまだ子育て真っ最中でもあり、日々慌しく過ぎていく日常生活に追われ、自分の時間を持てる余裕も、この当時はあまりなかった。

また、ブルースのワークショップについて、それの完全に正確な踏襲を志す人たちとの間で、まったく個人的な理由ではあるが、価値観の違いから埋まらない違和感を払拭できず、スピリチュアルから一気にドロップアウトしてしまった。

そんな、この物質世界でのいくつかの事情が重なり、ワークショップを終えて一年もすると、非物質的な世界に対する好奇心は、そのまま継続することはなく、急激に失せてしまったのだ。

また、意図的に情報をシャットアウトしたことも、その一因であったかもしれない。

本を書こうと決めたときから、一切の情報を遮断するために、本はもちろん、ネットなどからのそういった情報も、すべてシャットアウトしてしまった。自分にとってそれは、本を書く上では、余計な先入観になってしまうことを懸念したからだった。

ただそれだけではなく、本やネットなどから得られるそれらの情報を、実際のところ、本当に欲しなくなっていたのだと思う。

信念体系クラッシュ（エネルギーの変容）を経て、一番大きな変化をしたのは、ここかもしれない。あれほど大好きだった本が、今ではまったく読めなくなってしまったのだ。

この当時、未来の情報について、ワークショップのエクササイズ中に、ボブから聞いた情報があった。２００８年の夏に参加したワークショップで、計画センターを訪れたときだったか、自分の未来について知り得た情報があった。

「三年後には会社がなくなるよ」

これを言ってきたのは、ボブだった。このときに参加したワークショップでは、どのエクササイズにおいても、ずっとボブが付きっきりだったので、ボブが言ったものと、そう思い込んでいるだけかも知れないが、これを言ってきたのは、おそらくボブだったと認識している。

当時、会社の経理にも携わっていたので、会社の財務内容についても、だいたいは把握していた。また、今後の仕事の見通しについても、それほど悲観的なものでもなかったので、(いくらなんでもあと三年で会社がなくなるわけがない……）と、(これはありえないでしょ）って、聞き流していた。ところが、それから三年後のある日突然、社長が「自主廃業する」と宣言してきたのだ。倒産ではなく、自主廃業であれば、確かに会社の資産とは関係なく、整理がつき次第、いつでも会社はなくなる。（そういうことだったのかぁ）と、その言葉が現実化してしまったこともまた、ショックだった。実際には清算して整理するのに、半年かかったので、四年目にはなったが、本当に会社はなくなってしまった。


未来の情報とは違うが、前回あえて、一冊目の本に書かなかったことがある。

それは、ボブがツアーガイドとなって、異次元を案内してくれたときのワンシーンだ。

それは人間の脳の中を訪れるという場面だった。

暗闇の中に、光るシナプス。そこに、流れ星のように、サーっと流れるニューロン。

まるで（星が散りばめられた宇宙空間みたいだな）と、そんな印象を抱いた場面だ。

実はこの話には続きがあって、ほんとは、もっとたくさんの情報を得ていた。

老化によってシナプスが閉じてしまうと、情報の源に辿り着けなくなってしまう。すると違う経路からそこに辿り着けるように、新しい回り道を通る。ニューロンは何層にもなっているシナプスの層を流れていくのだが、何度もチャレンジしていくと、違う経路から目的地へと辿り着くのだ。

物理的な記憶は、脳がその役割を果たしているが、記憶の源があるのは、集合意識にある。

脳は次元を超えて情報を変換するのに、重要な役割を担っている。

ボブに連れられて、最初に健康な人の脳を訪れた。本ではここまでしか書かなかったが、実際はその後、今度はアルツハイマーになった人の脳の中を訪れた。

そこには圧倒的な暗闇が広がり、ほとんどのシナプスが消滅しており、スカスカの空間という印象だった。情報を伝達することができずに、こうなると思考を働かせることも、ほぼ不可能になってしまう。

このとき不意に、(この脳は誰のなんだろう?) と思い立ち、外に出てみた。そしてその顔を見て非常に驚いた。それは自分の父親だったのだ。

この出来事は、2007年のことであったので、父はまだまだ元気だったのだが、(最後はアルツハイマーになってしまうのか!) と、ずっと気になっていた。そしてあれから10年後の今、父はアルツハイマーと診断された。

当時このことを書かなかったのは、出来上がった本を読んだ父や母が、そのことについて懸念を抱くであろうとの思いから、この情報は伏せておいた。しかし出版された本をプレゼントしたが、おそらく父は、読んではいないと思う。ましてや今回は尚更読むことはないだろうと思い、10年越しに記すことにした。

アルツハイマーになる理由について、ボブが教えてくれたことがある。

父は死を極端に恐れていて、受け入れることができないので、恐怖に対する感情が麻痺した状態で死を迎えるという選択をしたためだと教えてくれた。恐怖を緩和するための手段として、脳を麻痺させるという選択である。加齢が原因の脳の老化による認知の低下や、すべてのアルツハイマー患者が皆そうであるとは思わないが、なんらかの理由があって、それを選択しているのだろうと思う。いつだって、そして最後の瞬間まで、自分の現実世界を創っているのは、自分自身なのだから。

癌も非物質的な根源を辿れば、なんらかの原因があるケースもあるのだと思う。もしかしたらすべての病気には非物質的な原因があって、それを知ることで病は防げるのかもしれない。ただしそれは今生の何かに原因があって、病んでしまったケースであり、生まれてくる前に、自分の人生にプログラムしてきた病気もあるのだろうから、すべてに該当するわけではないのだろうが。

ブルース・モーエンのワークショップから帰って来て、初めて自分一人でレトリーバル（魂の救出活動）をやってみたときに、あまりにも感動的なドラマがあり、一生忘れられない出来事の一つになった。それはレトリーバルをしようという意図を持って始めたわけではなかったが、結果的にそうなった。人間の死後の意識領域の探索を始めると、おそらく結果的に、それを体験することになるのだと思う。

まったく目的もないまま、とりあえず人間の死後の意識領域の探索を始めてみようと、ただそれだけの意図を放ち、深呼吸をする。いつものように暗闇が広がっていく感覚から、ある一つの場面へと切り替わっていく。

それは街の中に多数の水路があり、まるでヴェネチアを彷彿とさせる街並みだった。自分はその場面を、少し浮いているような感覚で眺めている。そこでは肉体のような形も感覚なく、目だけが存在し、観察しているような感じだった。

その水路沿いの小路を、少年が歩いている。道幅は狭く、歩道なのだろうが、その歩道と水路を隔てる防護柵のようなものは、あるのかわからなかった。少年の年齢は、五～七歳程度。親も身寄りもなく、かなり汚れた身なりで、この少年を一目見て、ジプシーだと感じたが、そこは定かではない。ちなみに、(親も身寄りもない)という情報は、見た目で判断しているわけではなく、勝手に入ってきた情報だ。

そして少年の歩いている、その水路沿いの小路には、パン屋さんがある。裏口なのか、窓なのか定かではないが、そこにはパンが並べてある。お腹が空いて限界になると、少年はこのパンを盗みに来る。この盗んだパンで食べ繋ぎ、かろうじて生きていられたのだ。毎日ではないが、今日もパンを盗みに来た。一つだけ盗み、サッと逃げる。パン屋さんの親父は、私のイメージとして、ゲルマン系の様な小太りの体系をしていた。少年がパンを盗んだのを見届けると、一応少しだけ追いかけるのだが、店先まで出たところで立ち止まり、少年の姿を目で追うだけだった。本気で追いかけて、掴まえようとする気配はない。一方、少年は必死で走り、後ろを振り返ることもなく逃げる。ただこのときは、いつものように逃げ切ることができずに、失敗してしまった。ふらついたのか、つまずいたのか、わからないが、水路へと落ちてしまったのだ。

水路へ落ちるなり、身を切るような冷たさに手足の自由が奪われ、もがくこともなく、静かにゆっくりと沈んでいった。水路の水深は、おそらく3mくらいだと思われるが、あってもせいぜい5m程度か。沈みながら離れていく水面を見つめ、(あーこれで死んでしまうのか)と考えている。しかしそこに悲しみはなく、(あーこれで泥棒をしなくて済む)という想いもある。水の底で寒さに凍えながら、(自分は泥棒をしてしまったのだから、ずっとここにいるしかない)という思いに取り憑かれているのだ。この想いが、この場所を創り出して、ここに取り残されてしまった理由である。

そこで始めて、私が介入をする。

「もうここにいる必要はないんだよ。ここは冷たくて寒いから、もっと良い場所に行こう」と話しかけた。

すると少年は、「自分は泥棒をしてしまったので、ここにいなければいけない」と、移動することを拒んだ。ここを出て行って見つかれば、酷い目に遭うとも思っているし、泥棒をしてしまった罪悪感から、ここにいなければならないとも感じている。

この少年なりの罪悪感から、何とか解放してあげたいと思った。

するとそのとき、パン屋さんの親父の思考が飛び込んできた。

パン屋さんの親父は、この少年のことをずっと気がかりに感じていた。数日に一度、パンを盗みに来る姿を見ることで、(ああ、今日もこの子は生きていた)と、安堵していたのだ。「泥棒」と追いかけるふりをしながらも、わざとパンを盗ませていたのだ。自分たち夫婦は子供に恵まれず、いつしかこの少年に情が移っていた。見るからにホームレスであろうこの少年が、本当に身寄りがないのなら、引き取りたいとさえ思っていたのだが、ジプシーの子供などとんでもないと、奥さんとの間で折り合いはつかなかった。せめてこのパンを食べて命を繋いでいる少年を、そっと見守ることしかできなかった。

このパン屋さんの親父の愛情を感じたとき、この少年もそれを受け取ったようだった。

わんわん泣きながら(自分のしたことは許されてもいいのか)と理解し、そしてそれ以上に(自分は愛されていた)ことを知り、長い間自分をここに閉じ込めていた罪悪感から、ようやく解放されたようだった。

私はこのとき、この少年と同じように、わんわん泣いてしまった。少年は、自分の中にあった罪悪感の根源は、実はわざと盗みをさせてもらっていたのであり、それは大きな慈愛であったことを知ることで、やっと、ここを立ち去ることができたのだ。

いつだって、愛はすべてを繫ぐ答えなのだ。

レトリーバルはいつだってドラマティックで、感動的だ。

私の場合は……だが、そこに取り残されている原因となっている、大切な場面を見せられることが多い。それとこの少年の名前を聞いたわけでもないのだが、「ジョルジオーネ」という名前であることも知っている。きっとこの少年も、私なのだと思う。

レトリーバルは、すべてを理解することで、自分をそこに閉じ込めてしまっている根源を、取り除くことができるのだろうと思う。また、それを取り除かないと、そこから脱出することは困難なのだと思う。

これは私の体験であるが、レトリーバルは、誰にでも体験できることだ。もしもあなたの中の好奇心が反応したならば、ぜひ一緒に始めてみよう。

一人一人の意識の変容が、人類意識の大きな変容の始めの一歩へと繫がっていくのだから。

3．ブルース・モーエン　回想1

この本の中で、いくつかの章を寄稿してくれたブルース。
また本文中のいくつもの章にも度々登場するブルース・モーエン氏について、ご存知ではない方のために、ここで簡単にご説明させていただきたい。

1948年4月2日　アメリカ・ミネソタ州ミネアポリスにて誕生。
「自分は何者で、どこから来たのか。そしてこの肉体が果てたとき、自分はいったいどこへ向かうのか」という疑問を抱き続けていた、ちょっと変わり者のエンジニアだ。

おそらく多くの人が一度は抱いたことのある疑問であると思うが、決して答えには辿り着けないので、考えることを放棄してしまっているテーマであろうと思う。そんな疑問を、彼は放棄することなく、抱き続けてきたのだ。

まだ青年時代だった頃、冬のある雪の日に、雪掻きをしていてかなり疲れてしまったので、車のシートを倒して、少し横になることにした。少しだけ休憩するつもりが、瞼を閉じると、程なく眠りに落ちてしまった。そのとき意図せずに、自分のディスクに行くという夢を見た。このときの体験から、スピリチュアルな世界への好奇心が強く芽生え始めた。ディスクというのは、複数の自分たちが存在している意識領域を指しており、私はハイアーセルフのようなものと認識している。

このときのディスクの体験から、精神世界関連の本を読み漁るようになり、明晰夢（夢の中で意識が覚醒し、夢を見ていると認識している状態）の練習を始めるようになる。

ブルースは自分が興味を抱いたものには、飽くなき探究心で求め続ける執拗さも持っていた。精神世界関連専門の書店（確かニックナックヌックとか、こんな感じの名前）で、たまたま間違えて手にした本が、明晰夢での体験と一致しており、そこに偶然ではない導きを感じ、ロバート（ボブ）・モンローの著書に辿り着いた。その後はモンロー研究所で学び、人間の死後の意識領域の探索に没頭する。モンロー研究所で学んだテクニックを、とにかく地味に地道に継続して、さらに簡略化したプロセスに辿り着いた。

これらの体験は、ブルースの著書「死後探索」シリーズ*に記されているので、興味を抱いた方は、ぜひ読んでいただければ、もっと詳細に知ることができる。私は曖昧な記憶を元に、それもかなり大雑把に書いているので、この記述の正確性には、自慢じゃないが自信がない。が、だいたいは合っている……と思う。

また、ブルースは自分の体験を本に記そうと思ったとき、「本を書くしかないので会社を辞めます」と、突然辞めてしまったそうなのだ。収入への不安を手放し、向こうの世界のサポートを信頼していたからこそ、できたのだと思う。


私は、「ブルース・モーエン　ワークショップ」で体験した出来事について、一人でも多くの人と共有したいと思い、自分の体験を本（前著）に綴った。そしてそこに至るまでに経験してきた、とても不可思議なエピソードについても、代表的な体験を書き加えた。

とりあえずワークショップでの出来事については、ブルースに了承を得る必要があるので、原稿を読んでもらうために翻訳をお願いし、ブルースに送ることにした。その前著の出版前のそのときのやりとりも含め、横浜で一緒に食事をしたときの会話の一部についても、ここに共有させていただく。私たちの関係性について、理解してもらうためには、この思い出を共有することが一番だと感じるので。

まず、2007年のベーシックコース五日間と、2008年のアドバンスコース五日間に参加して、信念体系クラッシュをはじめとした、とても大きな変容が起きたことや、二年間のワークショップで体験した出来事について、原稿を書き上げたので、本として出版する前に、あなたとの会話が多く含まれているため、あなたの承認を得たいと、伝えた。またこの原稿には、これまでに自分が体験してきた不可思議なエピソードも書いてあり、これを読んだ人たちにとって、共通項を見出してもらいたいこと。この原稿を書いた一番の趣旨は、これを読んでくれた人に、まるで自分自身のことのように追体験をしてもらいたいし、何よりも読み終えたときに、好奇心を抱いてもらいたいこと。決して、自分自身の非物質的な体験について、あなたに肯定してもらいたいわけではないこと。等を伝えた。

ケン

あなたから便りをいただき、また、本の出版を企画中ということで、これは嬉しい限りです。私は喜んであなたの本をレビューして、出版を承認したいと思います。

また、もしそれが適切であるならば、あなたの本を認めていることを明示する一つの方法として、あなたの本の序文か、または序文以外で、あなたの本に載せる短い文章を、私が書くことは可能だと思います。

私はずっと、あなたが本を書くことを願っていました。私はいつも、あなたのようにアフターライフを探索して、リトリーブ（レトリーバルのこと）を行った経験のある人たちが、その経験と自分たちが発見したことを、他の人にシェアしてくれることを願っています。あなたがシェアすることで、非常に多くの素晴らしいことを、世界にもたらすことができるのです。他の人たちが興味と好奇心を持って、知識を得る旅を始めるよう、後押しすることができるのです。

あなたの原稿を読むのを、楽しみにしています。

ブルース

私は、ブルースの返事が嬉しかったことはもちろんだが、それ以上に安堵した。

実は本を書くなどという行為は、独りよがりではないのか？と、不安を感じていたのだ。

また、「アフターライフの探索で、自分が得た知識はシェアすべきなんだよ」と、何者かに言われたことは、空想ではなかったと、少しだけ自信が持てたことを伝え、「あなたの素晴らしいワークショップに、心から感謝いたします」と、礼を述べた。

ケン

原稿を読むのを、本当に楽しみにしています。

またケンが「自分の経験をシェアすべきだと、『向こう』で何者かに言われた」という意味がわかります。オクラホマ・シティでの爆発事件の後に、私が本を書くようになったのも、そういう風に始まったのです。それに本を書いてどうなるかなんて、いったい誰がわかるものでしょう？　本を書くことが、あなたをどこに導くとしても、『向こう』の友人たちがあなたの道を応援しているものと、私は確信しています。

他の人たちのために、この任務を喜んで引き受けているということを知り、嬉しい限りです。あなたが取り組んでいることにより、この世は良くなるでしょう。

ファーロンと私は、ワークショップのために、来年の五月に日本を訪問する予定です。日本にいる間に、あなたのところを訪問する機会があるでしょうか？

ブルース

このときに送った原稿は、印刷したものを郵送で送った。ブルースはそれを「Snail mail(カタツムリ便)」と呼んでいたので、その表現が面白いなと思い、よく覚えている。

原稿には、次のような手紙を添えて送った。


ワークショップの継続と発展を願って、ワークショップでの体験を中心としたこの記録を書籍化したいと思い、あなたの発言が関与する章について、英訳したものを送ります。

これを書いた一番の目的は、ただ体験を記すことではなく、読み終えた後に、好奇心を抱いてもらうことです。そして、「自分も」という気持ちになってもらえたらと、願っています。そのためにも、読みやすいことだけを考え、小説的な背景描写は用いずに、文章に肉付けもせず、可能な限りシンプルに書きました。

書籍化することを考えたときに、意図的に書かなかった情報もあります。曖昧な表現で濁したボブとの約束に関わる部分と、災害に関する未来の情報です。自然災害的な情報は、可能性の一つに過ぎず、読者に不安を抱かせる必要はないだろうとの思いから、カットしました。それ以外は、すべてを感じたままに書きました。

この原稿は、自分の体験を主体的に記したものなので、ブルースに肯定して欲しいと願っているわけではありませんが、お二人には、いつの日か、絶対に全文を読んでいただきたいと思っています。

この原稿が書籍化され、それを読んでくれた人の意識が拡大していくのを、非常に楽しみにしています。

また、ブルースご夫婦にお会いできる日を、楽しみにしています。

ケン

ケン
二日ほど前に受け取り、ファーロンと私で読みました。なぜ「彼ら」が、あなたに本を書くように勧めたのかがわかります。こうした知識を得ることができるのだということを、たくさんの人たちに教え、またあなたの経験が、非常に良いアドバイスとなるでしょう。

ブルース

ブルースからこのメールをもらった後、原稿をすぐに出版社に送ろうとはしなかった。それは私の個人的な想いによるものであったが、実際に出版社に原稿を送ったのは、出版の了承を得てから、半年近く経過してからだった。

ブルース
出版の了承を得てから少し時間が空きましたが、昨年末のクリスマスに、出版社に原稿を送りました。今年に入ってすぐにお返事をいただき、出版が決定しました。
ぜひブルースに、序文をお願いできますか？
あなたのサポートに感謝します。

ケン

ケン
あなたの本が、日本で出版されると伺い、喜んでいます。非常に多くの人たちが、自分が誰であり、本当は何なのかについて、もっとよく知り、理解したいと求めているこの時代に、あなたがその体験を出版することは、他の人のためになる良いことです。
あなたの本のために書いた、序文の初稿を送ります。
変更や追加があれば、いつでも提案してください。

ブルース

こうしてブルースは、私の一冊目の著書のために、序文を書いてくれた。最初に序文の申し出があった時から数ヶ月が経過していたので、実際にお願いをすると、すぐに送ってくれた。おそらく既に書いてあったのだろうと思い、その優しさに心から感謝した。

ブルース
迅速なお返事と、序文に感謝します。
素晴らしい序文で、私はあなたの親切に心から感謝しています。
一点だけ、修正をお願いしたい部分があります。それは、私が信念体系クラッシュになった決定的なエクササイズは、皆でミーティングプレイスを訪れたときです。そこで出会った人との会話やしぐさが一致したり、ミーティングプレイスという場所について、ブルースの説明と、自分が見て来たものが、ほぼ完璧に一致してしまったので、死後の世界の存在を、もはや否定できなくなってしまったのです。もちろん、それまでのエクササイズでの積み重ねも含めた結果ですが、そこで決定的な証拠を得るまでは、まだ完全には疑念を払拭できないでいました。

ケン

ケン

あなたの本が、出版に向けて動き始めていることを、嬉しく思います。他の多くの人たちを、助ける可能性があるからです。

あなたが指摘した「ミーティングプレイスを探索するエクササイズ」は、五日間のワークショップで、パートナーになって探索する最初のエクササイズです。

私は、ケンがミーティングプレイスの細かい点を、とてもたくさん、正確に認識していることに、驚いたのを覚えています。それから私は、自分がワークショップの参加者の人たちと一緒に立っているのを認識するより前に、あなたは、私が彼ら一人一人と一緒に立っているのを見たと指摘してきたことに、非常に驚きました。あなたの認識力が、非常に発達していて、とても正確であるということについては、私の中に疑いの余地もありません。ワークショップでこういうことを目撃することは、私にとっても、とても稀で光栄なことであり、また、あなたのようなレベルで活動できる人と会う機会に恵まれたことを、特別に嬉しく思っています。

ファーロンと私は、また日本であなたに会えるのを、楽しみにしています。

ブルース

この年は、ブルース単独での来日となり、残念ながら、ファーロンさん（ブルースの奥様）の同行は実現しなかったが、ブルースはワークショップの休日に、食事をしながら会う時間を作ってくれた。

横浜にて

ブルース：私もずいぶんと年老いてきてしまったので、残念ながら、いつまでこの活動を続けることができるのか、わかりません。ケン、あなたが私と同じように、この活動を継続してくれたなら、私はとても安心なのですが。ケンはもう、人に教えるというレベルにあります。私は「レベル」という単語があまり好きではありませんが、この場合は、それが適切な表現でしょう。ケンならば、明日から始めても、大丈夫です。私はケンに、トレーナーになってもらうことを、強く望んでいます。あなたはそのことに、興味を抱いていますか？

ケン：あなたのワークショップに参加してから、私の人生は劇的に変わりました。もしも自分も、誰かのためになれるなら、という思いは抱いています。それでも、トレーナーになることは、正直考えられません。

ブルース：ケンがトレーナーになれない理由、なりたくない理由はなんだい？　その障害を取り除こう。

ケン：ブルースのお気持ちは、十分心に響きました。
（それでもこのときの私は、自分のエゴがそれを拒み続けた）

ボブ：私たちが地球に来る前に交わした、とても古い契約を、どうか思い出して欲しい。

二人で同時に、ボブの存在を感じる。

ブルース：今ボブが現れましたね。ボブは、私とケンが、今こうして会っていることを喜んでいますね。このときを、待っていたように思います。やはり、ボブとケンとの間にある強い繋がり、深い関係性を感じますね。
ボブは、地球に来る前に、ボブとケンとで交わした、とても古い契約を、どうか思い出して欲しいと言っています。でもこれは、私たちが操作しているのではなく、ケンの意志で、それを決定して欲しいと思います。

自分にとっても、これは人生に起きるべきイベントであると、おぼろげながら感じるものがある。

複雑な想いのまま、しばらく黙り込む。

ブルース：わかりました。もしもトレーナーになるのが嫌なら、ケンのオリジナルで始めてみるといいでしょう。ケンの書いた本が与えるインパクトは、とても大きく、重要なものです。ケンに会いたいと願う人、この本に引き寄せられて来た人たちには、それをすべきです。私は、ボブのやり方をアレンジして、このワークショップを作りました。同じように今度はケンが、私のやり方をアレンジして、自分のワークショップを始めてみてください。とにかくケンには、教えるということを、始めてもらいたいのです。

そう涙ながらに語るブルースを見て、胸が熱くならないはずがない。

ボブ：ブルース、しゃべり過ぎだぞ。あまり時間がないんだ。ケンの話を聞こう。今度はブルースが、ケンをサポートしてあげるときが来たんだ。

ブルース：今ボブが、しゃべり過ぎだと言っていますね（笑）。

今度は私が、ケンをサポートするときが来たと言っています。
オーケイ、ケンの考えを聞きましょう。

ケン：自分の場合は、かなり苦しんで、このワークショップに、辿り着きました。そして、このワークショップがどれほど素晴らしいのか、知ることができました。

このワークショップの継続と発展を、心から願っています。

私と同じようなことで苦しんでいる人も、世の中にはまだいるのではないか？と思いますし、そういった人たちが、このワークショップに参加できれば、解決できることはたくさんあると思います。確かに、私は経験上、そういった人たちの力になれると思います。

先ほどの提案ですが、もしもトレーナーにならなくて、ブルースのやり方をアレンジした自分のオリジナルで行うので良いのであれば、やってみたいことがあります。こちらから、日本各地に出向いていけば、地方の人たちの参加の可能性が、だいぶ広がると思います。

例えば、こちらから、北海道まで出向くのです。

「もしも将来、あなたがワークショップを開催してくれたなら、私は絶対に参加したい」と言ってくれた人がいました。北海道と、九州から来ていた女性です。「ブルースを地元に呼ぶのは難しくても、あなたなら同じことができるはず」と、言ってくれました。

それを言われたときは、ちょうど信念体系クラッシュの真っ最中だったので、（何を言っているのだろう？）と思っていましたが、きっと参加をしたくとも、経済的な理由であきらめざるを得ない人たちが、まだまだたくさんいると思います。

そういうことで良いのであれば、やってみたいという思いはあります。北海道から九州まで、いつか日本全国を回ってみたいですね。

ブルース：それは面白いですね。北海道から沖縄まで、日本全国を回りながら。私もぜひ一緒に、回りたいですね。

横浜で食事をしながら、とても面白い話ができた。ブルースは最初から、その話をするつもりで、呼んでくれたのだと思った。

ただしこの時点では、何ら決定事項というわけではなく、あくまでも建設的な未来のヴィジョンを話し合っただけであった。具体的には、何一つ決まったわけではなかったし、ただの夢物語を、語り合ったようなものでもあった。それでもとても貴重で、楽しく、有意義な時間を過ごすことができたと、感謝の気持ちで胸がいっぱいになった。

ただこのときは結局、それをすることはなかった。

自分の中で違和感が払拭できないまま、ましてや自分の本心が悦《よろこ》んでいない形で、スピリチュアルなことに携わりたいとは思えなかった。

このときの出来事から、私はいわゆるスピリチュアルな世界の扉を、閉じてしまった。

すべては自分のエゴである。


ボブに対して、とても申し訳なく思い、お詫びを言った。

「ごめんね、ボブ。約束は果たせそうもない。約束とか、計画とか、何となくすべきことがあるのは、おぼろげにわかっているつもり。私たちの計画とは、何かとても大事なことなんだとはわかっているけど、悪いけど、他の誰かに頼んでくれ」


ボブ：ふははは……（大笑）。

ブルースが言ったように、私たちが操作して、決められることではないよ。ケンが自分の意志でそれを始めないと、意味がないから。でもね、どんなに遠回りをしても、いつか必ずそれを始めるときが来るんだよ。ケンが自分の意志で、そうしたいと思うときがね。

ふふふふ。

次のイベントは49歳だから（笑）。

楽しみにしていてくれ。

笑いながら、とても楽しそうに話すボブとの会話は、やはり魅力的だ。いったいそこに何があるのだろう？と、好奇心をそそられずにはいられない。

それでもこの出来事から一年もしないうちに、非物質世界の探索どころか、まったく何もしない日常生活に戻ってしまい、スピリチュアルとは距離を置き、いつしか冒険心もすっかり失われてしまった。

好奇心を失うことで、スピリチュアルな世界を、完全に閉ざしてしまった。

＊「死後探索」シリーズ

モンロー研究所のヘミシンク技術が可能にした『死後探索1　未知への旅立ち』、『死後探索2　魂の救出』、『死後探索3　純粋な無条件の愛』、『死後探索4　人類大進化への旅』（すべて、ブルース・モーエン著、坂本政道 監訳、塩﨑麻彩子 翻訳　ハート出版）

4. コンタクト イン グアム

2012年の8月、家族旅行でグアムに行った。

このとき撮った写真には、とにかくオーブがたくさん写りまくっていて、特に海岸で撮ったものは、信じられないくらい無数のオーブが写りこんでいた。

普段から写真を撮ると、二割くらいの写真にオーブが写っているので、もはや驚くことはないが、数があまりにも多かったため、(これは面白いなぁ)と思った。

この光を見ていて、オーブとは、いわゆる精霊みたいな存在ではないか?と、なんとなく感じた。物質的な生を経験したことがない、純粋なエネルギー。こやつらはきっと、エネルギー体として地球上に存在しているのではないか？と、ふと、そんな思いが浮かんできた。実際のところ、いろいろな解釈があるのだろうが、私はオーブに恐怖心や悪意を感じたことはないので、悪いものではないのだろうと認識している。

このグアム旅行で、その後の人生を大きく決定づける出来事に遭遇する。今から振り返ってみても、結果的に一大イベントであったし、大きなターニングポイトであった。

それはちょうど、真夜中くらいだったと思う。春風（長男）と一緒にバルコニーに出て、夜の街を眺めていた。ホテルは街中でもあったし、また、ひっきりなしにサイレンの音が鳴り響いていて、夜中でもあんまり落ち着かない喧噪の中にいた。

ここに来てから、毎晩目にするので、「とにかくグアムの人たちは、バルコニーでバーベキューをするのが好きなんだねぇ」、何て話をしながら、「あと一ヶ月くらいこうしていたいねぇ」って言って、春風はベッドに戻って行った。

一人になってからも、しばらくそのまま、ぼんやりと夜空を見上げていた。

一晩中消えない街灯のせいで、さほど星は見えなかった。バルコニーに置いてあるイスに深く寝そべるように座り、たいして星も見えない夜空を見上げながら、ふと思う。

ＵＦＯ見えないかな……？
宇宙人来ないかな……？
ＵＦＯでも、宇宙人でなくてもいいや。
俺の本体は、そこにいるんだろう？
みんなは、そこにいるんだろう？
そこで見ているんだろう？
俺がここ（地球）に来た目的は、一体なんだったんだろう？
あのとき、俺は運命に逆らったのかもしれない……。
俺は進むべき道を、間違ってはいないかな？
ここに来た目的に向かって、ちゃんと進んでいるのかな？
とんでもない方向には、進んでいないかな？
なあ、みんなは、そこにいるんだろう？
本当にいるのなら、何か応えてくれないか？
そうだ、わかるように、光ってくれたらありがたいんだけど……。

ただ何の気なしに見上げた夜空には、そこにはもちろん、対象も何もないのだけど、何もない宇宙空間に向けて、無心で問いかけた。問いかけてから、時間にして、たぶん10秒も経たないくらいだったと思う。自分が一心に見つめる夜空が、ブアーーっと、ゆっくりと光り、またゆっくりと消えていった……。もしもそれが、宇宙空間に存在する物体であるならば、とてつもなく巨大なもの。月よりも大きなもの。

それを見た瞬間、（あ、応えた！）って、一瞬だけ興奮したのだが、すぐに（いや、待てよ。ここはグアムだし、米軍の何かを、たまたまものすごく良いタイミングで、見てしまっただけかもしれない……。それか、自分と同じようなことをした人が近くにいて、たまたま自分も都合良くそれを、便乗して見てしまったのかもしれない……）と、いつもの悪い癖で、すぐに信じようとはせず、疑念が勝り、（んなわけないか）と、打ち消してしまう。それでも、あの不自然な光を見た胸騒ぎは収まらず、もしかしたら、本当に自分の問いかけに応えたのかもしれない……と、もう一度思い直してみる。

（よーし、それならば、もう一度やってみよう）

（申し訳ないが、どうも自分は疑り深い性格のようで、すぐに受け入れることができないみたい。ちょっと悪いんだけど、もう一度だけ応えてくれないかな？　そうしたら信じるよ）と、もう一度夜空を見上げ、問いかけてみる。

すると再び数秒後、さっきと全く同じように、ブアーーっと、ゆっくりと光って、ゆっくりと消えていく巨大な光。フラッシュのように一瞬ではなく、とてもゆっくりと光り、ゆっくりと閉じていく、巨大な光。

今度は、（やっぱり間違いない！　俺の問いかけに応えてくれたんだ！）と、素直に喜ぶ。じわじわと、ゆっくり興奮してくる。

（これは勘違いではない。絶対にあそこに何かいる。自分と繋がっている存在が……）

しかし、この出来事をどう処理すれば良いのか、わからなかった。見たことは真実と受け入れよう。でも何をどうすればよいのやら？　結局、自分が地球に来た目的とはなんだったのか？　間違った道は歩んでいないのか？　謎は謎のままだった。ただ一つ、自分の本体はあそこにいて、こちらを見守っていると、それだけは理解した。

グアムから帰って来て一ヶ月も経つと、あの体験を、また疑り始めている自分がいる。

（あれはグアムだったから、ちょっと変なテンションになって、たまたま良いタイミングで、何かを見てしまっただけかも……？）

根っから疑り深い性分なんだと思う。これが構築されてしまった、物質的価値観の信念か。

夜、帰宅して車から降りたときに、あの夜の出来事を思い出し、また不意に、夜空を見上げる。

（グアムの夜空よりも綺麗だなぁ。あのときは、なんで急にあんなこと問いかけたんだろう？　あのときは絶対本当だと思っていたのに、今はまた疑り始めている。ようし、それならばもう一度やってみよう！）

あのときと同じように、夜空を見上げ、

（ほんと悪いんだけど、俺はしつこいくらいに疑り深い性質のようで。もうほんとにこれで最後にするから、ほんと悪いんだけど、そこにいるのなら、もう一度だけ応えてくれないかな？）

すると、グアムの夜空で見たものとまったく同じ光が、ブアーーっと、同じように、ゆっくりと光って、またゆっくりと消えていく……。

（ああー！　これはマジだ！　思い込みなんかじゃない。本当に自分の本体があそこにいるんだ）

グアムのときほど興奮はしなかったが、嬉しくてニンマリと笑ってしまった。

だからといって、別に何か志があるわけでもないので、その後も特に変わらぬ日常生活を過ごしていたが。

そして、それから二年後。二人の子供たちが、小学六年生と中学三年生になり、同時に卒業式と入学式のイベントを控え、妻の洋服を買いにショッピングセンターに出掛けたある日のこと。待っている間、あまりにも暇だったので、ふらりと本屋さんに入ってみた。まったく本を読まなくなってしまっていたので、すごく久しぶりの本屋さん。ゆっくりと本の背表紙を眺めながら歩いていると、一冊のタイトルが目に止まった。

『コンタクト ― 意識変容への扉』（リサ・ロイヤル・ホルト著、キース・プリースト共著、鏡見沙椰 訳 VOICE）

ちょうど一冊だけあった。そのタイトルを見た瞬間、グアムでの出来事を思い出し、（あれもコンタクトだよなぁ？）と、そう思いながら、その本を手に取ってみた。するとと、その本の帯に書かれていた文を一目見て、中身も見ないで、思わず買ってしまった。そこには、こう書かれていた。

「みなさんが夜空を見上げ、コンタクトを求める時、私たちはそこにいます。―サーシャ」

自分の問いかけに、光で応えてくれたあの体験は、まさしくここに書かれていること、そのままではないか。

この10年、実は本をまったく買わなくなっていたわけではなくて、それなりに興味のあるテーマは、ごくたまに、ぽつりぽつりと買ってはいた。（そのうち、再び本に対する情熱が再燃したら読もう）と、たまに買ってはいたのだが、ほとんど手つかずで置いてあるか、最初の数十頁をパラパラとしては見たものの、全く頭に入ってこず、二度と触れられることもなく、それっきりになってしまっているか。そんな感じだったので、今回買ったこの本も、最後まで読むかどうかはあやしいなと、そんなことを考えていた。

ところが、今回は飽きることなく、チョロチョロと読み進めて、久々に最後まで読み終えることができた。そして本を読み終えた直後から、この本の著者「リサ・ロイヤル・ホルト」について、ネットで検索しなくては……という、よくわからない衝動に駆られた。

ところが、普段そんなことはしないもので、頭に浮かんできたからといって、すぐには行動に移せない。そうしてまた次の日も、その次の日も、リサを検索しなきゃ……と、繰り返し浮かんでくる衝動。さすがに三日目には、これは何かあるに違いないと思い、調べてみた。するとと、リサ・ロイヤル・ホルトのチャネラー養成講座、一年間のコースがその週末から始まり、定員が残り一名となっている。初めて見たので知らないが、毎年早期に満席になる人気講座だと書いてあった。

(ははぁん、これのことかぁ)と、

(何かこれは、ここに導かれているような気がするな)と、好奇心の虫が騒いだ。

ここに至るまでのグアムからの一連の流れが、明らかに自分以外の意志があるように思えて、それが何なのか？　知りたいという思いが強くなった。あの光の存在も、自分では自分の本体だと認識しているが、それについても何なのか、もしかしたらわかるかもしれない。別にチャネリングにさほど興味もないし、チャネラーになりたいわけではないが、日本人的には、残り一名とかいう響きにも弱い……。明らかに何か、自分以外の存在の意志を、感じ取ることができる。

（これはやはり行くべきか……）

これを見たのが水曜日で、土曜日にはもう始まる。申し込みをする猶予はあと二日。

（一年間のコースが、ちょうど今始まるところなんて。しかも、今からでも参加できる枠が残っているなんて。たぶん絶妙のタイミングに違いない。もしこれを見送っても、結局来年には、参加しているような気がする）

いろいろな考えがグルグルと巡って、とりあえず、行ってみないことには始まらないと、その日のうちに、参加を決断した。

（自分は一体、何をしにここに来ているのだろうか？）と、非常にためらい、戸惑いながら通い続けたのだが、この、リサとの出会いがなければ、今の自分は絶対に存在していない。この一年間で学ぶべきものは、非常に多かった。

例えば、2012年のアースチェンジについて受け取ったヴィジョンは、当時はまったく理解不能であったが、ここで学び、多くの知識を得たおかげで、あれが何であったのか、理解できるようになった。

他にも、ボブとブルースと私と。何万年もの時を超えた、とても奇妙なパラドックスストーリー。これについても、見識が広まったおかげで、一つの答えに辿り着くことができた。

そして何より、究極の答えである「この人生の目的」についても。

このリサとの出会いがなければ、私は絶対に答えを見つけることができなかったと思っている。

5. リサ・ロイヤル・ホルト　個人セッション1

リサ・ロイヤル・ホルトさんを知らない人のために、簡単に説明すると、１９８５年から長年にわたり、今なお、世界各国で活動を続けている、世界的に有名な時代を代表するチャネラーです。

日本では、バシャールをチャネリングすることで有名な、ダリル・アンカ氏と、チャネリングスクールの同期でもあります。

リサさんが主にチャネリングする存在として、五次元の意識領域に存在する、「サーシャ」という女性がいます。サーシャは、リサさん自身の未来生であり、プレアデス人です。

その他にも、同じく五次元の存在である、シリウス人の「ハモン」や、六次元の意識領域に存在する、集合意識の「ジャーメイン」などをチャネリングしているスペシャリストです。彼女がチャネリングする存在たちが講義してくれる、銀河系の系譜などのテーマは、最高に面白いです。

一年間に及ぶチャネラー養成講座に通い、チャネラーになろうと思ったわけではないのだが、衝動的に飛び込んでしまった感じだ。あのとき応えてくれた光と、それが書かれていたリサの本とに、自分以外の意志みたいなものを感じて、好奇心の赴くままに……。ただそれだけでも、衝動的に飛び込むのには、十分な理由だと思った。

自ら申し込み、学びに行っていながら、大変失礼な話だが、チャネリングコースは、案の定、自分にとってあまり夢中になれるものではなかった。つまらないわけではないのだけれど、特に夢中になるほどでもなく、正直、ただ行っているだけ、という始まりであった。

チャネラーになるためには、想像以上の肉体改造計画とでも言おうか、食生活に至るまで、かなりストイックに追及していかなければ、そのような講座に通ったからといって、一朝一夕になれるわけではないのだ……ということだけは、よくわかった。

リサは、そんなライフスタイルを、何十年も続けてきたのだ。完璧なコネクションを確立してからも、ストイックなライフスタイルを貫いている、プロ中のプロである。そんなリサならではの視点で、面白い発想だなと思ったのは、タオとヨガを取り入れたエネルギーワークだ。リサの指示通り、これを毎日トレーニングすれば、肉体的なアチューメントは格段に進むだろうと、納得はしていたのだが、自慢じゃないが三日坊主な自分には、到底続くはずがない。その他にも、とても興味深いエクササイズは、もちろんあった。中でも、サーシャやジャーメインが話してくれる、天の川銀河の文明の系譜や、高次の存在たちと人類の関係など、宇宙に関する講義は、非常に面白かった。この知識を得られなければ、今のように、理解が深まることもなく、今日の自分はあり得なかったと確信している。それだけでも、十分に価値のある一年間だった。もちろん、肝心なチャネリングについても、どういうものなのか知ることができたし、自分を成長させてくれた貴重な時間を過ごすことができた。

リサのチャネリングコースで具体的に何を学んだかは、ここに記すわけにはいかないので、興味のある方は、いつの日か通ってみるといい。間違いなくお勧めするし、絶対に後悔なんてあり得ない、大きく飛躍を得られる濃密な時間を過ごすことができる。

私自身の結果だけを伝えれば、睡眠時間が長くなったり、受けつけない食べ物ができたり、心身ともに変化が起こった。もちろん、ハイアーセルフとのコネクションは、格段に強まったと自覚できる。

リサの個人セッションについては、皆さんの興味がありそうなテーマだと思うので、リサ本人に了承を得た上で、少しシェアしたい。

個人セッション1　2016年3月9日

リサ：チャネリングの練習を始める前に、あなたは「どうして自分がここに来ているのか、わからない」と、少し混乱しているように見えました。それで私は「あなたの目的は、チャネリングではないかもしれないが、変容を求めてここに来ています。自分では理解できていないかもしれないが、自分の本質が求めているので、続けてください」と言いました。

そしてあなたの順番が来て、あなたが素敵な存在とのチャネリングを始めたのを見て、私は他のグループを見に行きました。戻って来たときには、本当にあなたがチャネリングをしているのがわかりました。でも、話している内容については、わかりません。

ただ、あなたはたぶん、涙を流していたと思います。

ケン：ああ、そうなんです。誰かの質問に答えているときに、涙が溢れてきました。でもどうして泣いたのか、自分でもわからないし、ただ、悲しいとかそういうことではありませんでした。

リサ：それは素晴らしいことです。それを聞いて、どうして涙を流していたのか、納得しました。

チャネリングコースに通うと、ほとんどの生徒さんは、あの時期に、大きな変容を体験します。それでチャネリングをしているときに、自分が大きく開き、感情を出すという体験をします。それは痛みからくるものではなく、感情からくる涙となります。あなたが流した涙もそれです。ハートが開くという体験をしたのです。そこであなたのハイアーセルフに繋がるというコネクションが確立しました。すごく大きな、そして急速な統合のプロセスが起こったということです。そういった体験をすると、多くの変化を経験します。あなたには、それが起きたということです。そしてそれは、とてもいい兆候です。でも今はまだ、中間地点にいると思います。まだしばらくの間、統合のプロセスは続くでしょう。日中のエネルギーレベルは、どうですか？

ケン：今は大丈夫です。ただ、感覚的な違和感がずっと続いていて、あまり気持ちよくはない。

リサ：とてもよくわかります。素晴らしいサインです。ちょっと自分としては、奇妙な感覚が続いているのですね。

ケン：そうです。でも、リサや皆のように、トランス状態となり、第三者に委ね、言葉を伝えるような感じには、まったくならないので、自分のチャネリングには、疑念がありました。

リサ：私のようなやり方でチャネリングをするかどうかは、どうでもいいのです。ですから、それに関して、プレッシャーを感じないでください。これから、最初に起こるのは、ハイアーセルフとの統合です。でも、他のエネルギーに繋がっているということも、たぶん今のあなたには、起きていると思います。

確か自己紹介のときに、夜空に光を見て驚いたと言っていましたね。それは今でも続いていますか？

ケン：いいえ。あれからは一度も試していません。私の問いかけに応えてくれた、あの光がなんなのか？　サーシャに質問をしたいです。

リサ：一緒に地球にやって来たグループと、繋がっていると思います。この体験は。そこには、共通のテーマがあると思います。それだけハッキリと光で応えたということは、あなたの意識を向けようとしている存在、若しくはグループがやっていることです。

今後、あなたの知りたい答えを、得られるかもしれません。感情は嘘をつかないので、真実に触れたのだと思います。

チャネリング体験に疑いを抱いている、と言いましたね。でもそれは、とっても普通のことです。例えまた疑いが出てきても、今度は疑いを一度横において、今体験していることを、楽しんでください。ジャッジは、後からしてください。

ケン：答えてもらえるかどうか、わかりませんが、サーシャに聞いてみたい質問があります。「今生が、地球に来た目的の約束の人生である」と、ブルース・モーエンさんやボブ・

モンローさんに、何度も言われました。「お互いに時間と場所を決めてきた」のが、今の人生であり、「地球に来た目的の人生」であると。その「約束を思い出して欲しい」と。そこまでのメッセージはわかるのですが、肝心の約束が何であるか、思い出せません。もしも答えてくれるならば、それをサーシャに聞いてみたい。

リサ：この質問に関しては、彼女が何て答えるか、わかる気がします。他には？

ケン：自分をここへ導いてくれた光の存在は、何ですか？　先ほど言っていた、自分のグループということですか？

リサ：これには、サーシャが具体的に答えてくれると思います。あなたのグループかもしれないし、仲間かもしれない。あなたに何かを思い出させようと、サポートしてくれている存在かもしれません。

ブルースがあなたに与えた情報が、あなたに強いインパクトを、与えたわけですよね？　その情報を聞いたときに、あなたの中で、何かピンとくるような感覚は、ありましたか？

ケン：はい。ありました。なんとなく、ずっと抱いていたイメージだったので、突拍子もない話では、ありませんでした。

リサ：そしてあなたは、そこでいろいろな体験をしたわけですね。だから、彼の言ったことの中に、真実があるということです。

これは、あなたの未来の自分と、繋がりがある出来事です。サーシャは具体的なことについては、言わないかもしれません。というのは、それがプレッシャーになって欲しくないからです。自分の中のワクワクから生まれないといけないのです。とてもフラストレーションが溜まりますが、でもあなたは、ちゃんと正しい道にいますから。

ケン：プレッシャーと思ったことは、ないです。例えば、約束があると言われても、じゃあ何かをしなければ……みたいな使命感は、一切ないです。ただ、それが何なのか？　知りたいという、好奇心だけです。

リサ：プレッシャーがないのは、とても良いことです。他に質問はありますか？

（あれ？　サーシャは、どのタイミングで登場するのだろう？）と、頭をよぎったのだが、タイミングが（まだなのか？）と、まだまだ聞いてみたかったこともあり、次の質問に。

ケン：寝ているときに、高速で移動している感覚があって、月に一度か二度程度の頻度で、結構昔から続いています。これっていったいなんだろう？と、不思議な感覚なので、サーシャなら答えてもらえるかなと。

リサ：それは夢の中の出来事ですか？

ケン：夢というか、身体は寝ていますが、意識は覚醒しています。

通訳：自分が何かに乗っている感じですか？

ケン：いや、自分自身が、高速で飛んでいる感覚です。

（指でクルクルと回すしぐさをしながら）

リサ：それはスパイラル？

ケン：そうです。回りながら高速で飛んでいます。

リサ：モンロー研のトレーニングは、何か受けていますか？

ケン：いや、なにも。

リサ：オーケー。この体験というのは、意識が物理的次元を超えるときに、起きていることです。通常、ほとんどの人は、それを知ることはありません。でもあなたは、それを認識している。たぶん、過去世において、そういうトレーニングをしてきたのだと思います。だからそのときに得たスキルで、今のあなたが、それを認識できるのだと思います。

そのスキルを持ったまま、生まれてくる選択をしたのですね。

それを体験しているときに、いつも何をしていますか？

ケン：何度も繰り返している内に、どっち向きに飛ぼうとか、コントロールできるようになりましたね。
それから、今自分はどこにいるのか？認識しようとするのですが、そこまではわかりません。

リサ：素晴らしいですね。コントロールができるようになるなんて。次に、ぜひやってみて欲しいことがあります。方向性をコントロールするのではなく、例えば、あなたが遭遇した宇宙船や、その仲間たちに、意識を向けてください。深い繋がりがあるので、どちらでもいいと思います。
サーシャが言うには、そういった存在たちが旅をするときには、スパイラルで飛びながら、移動しているのだそうです。自分たちと、別の存在たちとのコネクションを頼りに、移動しようとすると、そういった方法で移動するそうです。そのときに得られる体験というのは、単に次元を超える移動の体験ではなくて、存在と存在の繋がりで、次元を超えた体験を得られます。

ケン：それは面白いですねえ。最近では、意図的にそれをやることもできます。場所も関係ないです。眠くなって、眠りに落ちそうなときとか、まだ寝ているのだけど、意識だけが覚めたときとかに、（あ、今ならできる！）っていう感覚があって、フワって、その高速スパイラルになれます。

リサ：別の生で得たスキルを、今の生へと引き継ぎ、今でもそれを可能にしているのですね。「意識を投影する」というスキルです。とても面白いですね。他にはありますか？

（まぁだサーシャの出番じゃないの？）と、時間が気になるが、（向こうがそう言うのなら、まだ大丈夫なのかな？）と思い、もう一つ質問してみる。

ケン：では、最後の質問にします。はっきりと確信を持ったのは、ここ数年のことですが、自分は未来の出来事にアクセスすることが、どうも得意なようです。

通訳：例えば？

ケン：例えば人であれば、話をしているときに、（あ、この人ガンだ）とか、勝手に頭に入ってくる。特に意図的に何かをしているわけではないのですが、勝手に入ってくる。人の寿命についても、事前にわかるときがある。経験から、それが死のオーラであることがわかりました。

それと、これはよくある直感的な話ですが、このチャネリングコースの初日のランチで、道に迷ってたまたま見つけたお蕎麦屋さんを見た瞬間、（あ、ここにリサがいる）と、思いました。でも開けたらいなかったので、（ああ、じゃあ今から来るんだ）って思って、席に座ったら、すぐにリサたちが入って来ました。ビンゴ！って思いましたが、今から来るという、変な自信がありました。

あと、これは人ではありませんが、自分が本を書くときに、日本の未来に起こる出来事を、意図的に見ようとして、東日本大震災に関することでしたが、かなり詳細にわかりました。

通訳：具体的にはどういう？

ケン：例えば、犠牲者の数。その内九割が津波によるもの。日本の太平洋岸全域に津波が押し寄せ、甚大な被害が出る。津波の最大高さや、原発事故で、メルトダウンが起こる。それを知ったのは、地震が起こる三年前でした。結果的に何も変わらなかったかも知れませんが、そのことを本に書いて伝えていれば、もしかしたら誰か一人でも助かったかもしれないと、今でもずっと後悔しています。

通訳：それはいつ頃からですか？

ケン：わからない。昔から。

リサ：それらは意識的に、コントロールしてできますか？

ケン：ちょっと頼まれたときにやってみて、できたこともあります。そのときも、結構具体的にわかりましたね。ただ、基本的には、話をしているときに、勝手に情報が頭の中に入ってくる感じです。意図的に勝手に見ることもないし、これまでに何か、トレーニングをしたこともありません。

リサ：こういったスキルというのは、学べるものではありません。生まれつき持っているものだと、私は思っています。

ケン：ああ、やっぱり！

リサ：だいたいETエナジーに繋がっている人に、起きる現象です。ただ、現実というのは、いろいろな可能性があるので、起こる出来事に対してシェアすることは、かなりのチャレンジになります。そして、どこまでシェアすべきか、非常に難しいことです。話すべきこと、そうでないこと、あなたにはわかると思います。

3・11に関しては、たくさんの人たちが、情報を受け取っていました。あなたはその情報を受け取っていながら、それを言わなかったために、そのことで罪悪感を抱く必要はありません。なぜなら、それを伝えていたとしても、そのことに恐れを感じながら過ごすことが、正しいことであるとは思えないからです。おそらくあなたは、その必要を感じたら、それを伝えるということをしているはずです。

これらのスキルは、持って生まれたギフトです。ただ、ギフトを持って生まれてきた人は、果たさなければいけない責任、というのもあります。あなたには、大きな責任がかかっていますね。あなたにとって、それは重荷と感じますか？

ケン：いいや、まったくないです。

リサ：オーケーグッド。今の段階では、あなたにとって、もうそれは普通のこととして、起きているのかもしれませんね。こういったことも、チャネリングの一つの形態です。トランス状態にならなくても、回路が開かれているのですね。私が個人的にあなたと同じスキルを持っていたとしたら、私はその重荷に耐えられないかもしれません。だから、あなたがそれを負担に感じていないということは、とても素晴らしいことですね。

あなたが持っている、自分のチャネリング能力を、これからも開発し続けたいと、思いますか？

ケン：はい。それが誰かのためになるのなら、そうしたいと思います。別にそれを職業とすることを、望んでいるわけではありませんが、誰かのためになれるのなら、という思いはあります。

リサ：素晴らしいですね。あなたがもっと、オープンになっていけば、自然とそうなっていくと思います。10年前にシフトが起こり、今のあなたには、シェアすべきことについて、判断がつくようになりました。

ケン：サーシャに質問をしたいのですが？

リサ：お話が楽しくて、つい時間が過ぎてしまいました。短い時間ですが、サーシャを呼びますね。

サーシャ：こんにちは。短い時間ですが、どうぞ質問してください。

ケン：まず、夜空に向かって問いかけたときに、応えてくれた光の存在は何ですか？

サーシャ：今、二つのアイデンティティを体験しています。まず一つ目は、最も現在に関するアイデンティティです。それは、アルクトゥルスのような集合意識です。

古代、あなたはそのグループのメンバーとして、存在していたことがあります。そのグループは進化を遂げ、集合意識として存在しています。もはや物理的な存在ではありません。あなたは、そのグループの一員です。一つ目のアイデンティティは、そこにいます。二つ目のアイデンティティは、あなたです。

ケン：今生の目的。地球に来た目的は、何ですか？

サーシャ：あはは……。何とかそれを、聞き出そうとしますね。それを私が、答えたくないわけではありません。あなたのハイアーセルフが、私がそれを答えることを、拒んでいます。つまり、あなたのハイアーセルフは、私たちに介入して欲しくないと、言っているのです。目的には、たくさんの層があります。ブルースがあなたに言ったように、確かにあなたたち三人は、目的を持って一緒に地球に来た、同じ集合意識のメンバーです。集合意識である、星のエネルギーを持っているあなたの一部と、人間意識のエネルギーの一部とを、統合することを、目的の一つとしています。つまり、両方のエネルギーを統合することです。それがあなたの霊的な目的の一つです。そして、人間としての物理的次元における目的については、あなたのハイアーセルフが教えてくれます。今はそれに向かって、開花しつつある段階です。あなたの持っているスキルは、たくさんの人たちのお手本になります。そういうお手本を、必要としているのです。そういうスピリチュアルなことに、深い知識とスキルを持っていて、多くの人たちの人間の意識の統合が行われるのを助けます。あなたが出会った人たちは、あなたのことを知ることにより、慈しみを感じ、意識の統合へと、あなたが手助けになります。だからあなたは、持って生まれたギフトを隠して生きるのではなく、もっとオープンにしていくことが大切です。あなたは奇妙な人と思われ、その生き方を恐れるのではなく、もっとスキルを使うべきです。それをお勧めします。本来の自分が開かれていくということを、恐れることなく体験してください。一歩一歩、段階を踏みながら、進んでください。

ケン：ありがとうございます。自分は、一歩一歩、目的へと近づいていますか？

サーシャ：イエス！　あなた自身が思っている以上に近いです。それは、チラチラとしていますね。自分を開く体験には、とても大きな意味があります。

あなたの持っている、星のエネルギーの一部と、あなたの人間のエネルギーの一部と、統合が明らかに始まっていますね。このプロセスは、ずっと続いていきます。変化を体験しましたが、こういった変化は、これからも続いていきます。忍耐強く、受け入れてください。

ケン：星のエネルギーとは？

サーシャ：まず、一番統合しやすいエネルギーとして、アルクトゥルスですね。それからまた、違う星のエネルギーと、統合していきます。

あなたがオープニングに向けて動き始めていることに、おめでとうと言わせてください。そしてこれからを、楽しみにしています。

リサ：とても面白いですね。

ケン：ありがとうございました。

6. コンタクト　イン　富士山

２０１６年7月10日。山梨県で、リサ・ロイヤル・ホルトによる、コンタクト・リトリートが開催された。

富士山の麓で、宇宙人とコンタクトを取るという、とても魅力的な企画だ。日本でも毎年開催されているイベントらしく、リピーターが多い人気企画らしい。リピーターが多いということは、それだけ期待できるに違いないと、楽しみにしていた。

リサが主にチャネリングする相手に、サーシャというプレアデス人がいる。サーシャとはリサの未来生であり、そのサーシャ率いるサポートチームが、毎年、このコンタクト・リトリートに来てくれるらしい。リサにとってのサーシャと同じように、参加者一人一人の未来生が、サポートチームのメンバーとして、ここに来てくれているとか。それに好奇心だけでここに来る輩もいるらしいので、そこそこの人数のパーティーになっているみたいなのだ。

もはや宇宙人の代名詞みたいなグレイ・タイプはもちろん、いわゆるレプティリアンと呼ばれている、トカゲみたいな爬虫類型や、昆虫タイプのカマキリ星人なんていうのもいるらしい。

地球も、もしも恐竜が絶滅していなければ、私たちは恐竜を原型とした爬虫類型のヒューマノイドとして創られていたかもしれないと、個人的には思っている。やはり地球も人間も、意図的に創造され、存在しているのだと思う。まるっきりの創造物ということではなく、水流を変えるように、少しだけ手を加えて。

昼間はリサやサーシャの講義があり、20時30分より、コントクトワークが始まる予定だ。しかしこの日は、あいにくの空模様で、降ったり止んだりを繰り返していた。

それでも、日中にリサが話していたとおり、開始時刻に合わせるように、ピタっと雨も上がり、ほんの少し霧雨が残る程度になった。そして、とても濃い霧が発生してくる。

リサ曰く、コンタクトミストと言って、日本でのコンタクトワークをするときには、結構な頻度で発生する気象現象らしい。日本は湿度が高く、霧を発生させやすい気象条件が揃っているからであり、アリゾナなどの乾燥地帯では、やはりそれは起こりえないと言っていた。それはまるで、SF映画の宇宙人との遭遇シーンのように、幻想的であり、ムード満点だった。

もちろん、気象もコントロールされているので、ベストな気象条件をセッティングしているとのこと。理由は、満天の星空が広がっていると、意識が星空に向いてしまい、コンタクトワークに集中できなくなるからだとか。なので、コンタクトワークが終わると、嘘のように霧が晴れていくとのこと。

この場所には、既に宇宙からエナジービームが降り注いでおり、それが参加者の一人一人に向けられていると、ロンさん（リサさんのご主人で、エネルギーについてのスペシャリスト）が解説。この「一人一人に降り注ぐエネルギー」は、ロンさんが写真に撮って、バッチリと写っている。その他にも、この場所をスッポリと覆うように、エネルギーで満たされている。皆の頭上を飛び交う無数のETエナジーも、ゆうちゃん（さそうゆうちゃんと言って、リサさんのアシスタント的サポートをしている、倍音という不思議な方法でチャネリングをしている宇宙人みたいな人。ヴォーカル・チャネリングなども教えている宇宙人みたいな人）が、やはり写真に撮っていた。

リサのチャネリングが始まる。まず、シリウスのハモンなる人物が登場。（サーシャよりも経験値が高く、サーシャたちから見ても、とても敬われている存在。ただし、上下関係ではない。何かとても痛みを伴う経験をして、二極化から統合へのプロセスを歩んだとか）

ハモンが感謝の言葉を述べ、なにやら講義というか、うんちくというか、アドバイス的な……だったかな？　とにかく何か、長々と話していた。確か、こんな話……。

遥か古代に存在して、今は集合意識となっている高次の存在が、今回特別ゲストとして参加している。これはとても高次な存在で、古代ローマの神官たちは、この存在をアーコンと呼び、神々と崇めた。そこから得た銀河系の歴史を元に、ギリシャ神話を書いた。しかし、神々ではない。

この集合意識は、とても高次な存在であるため、リサがサーシャをチャネリングし、サーシャがアーコンをチャネリングする……という方法を取る。

続いてサーシャに代わり、少し講義をしてから、誘導瞑想へと導いてくれる。

サーシャの講義の途中で、横になり空を見上げる。視界一面に霧が広がる。肉眼では、何も見えない。

このコンタクトは、瞑想をして宇宙人とのコンタクトを試みるワークらしいのだが、あえて目を開けたまま望んでみる。

深い霧の中に、自分の意識を集中していく。すると、霧の遥か上空に、チカっと光る星くらいの大きさの物体。一瞬だけ、(あ、来た！) と思い、気持ちが高揚するのを感じる。が、(これだけ濃い霧の中で、その上の物体が見えるわけないか……) と、すぐに思い直す。するとそのわずか二～三秒後、さっきより少し離れた位置で、今度はもっとハッキリと、ピカっとストロボのように、一瞬だけ光る物体。さっきよりも少しだけ大きく、そしてハッキリと光った。それを見た瞬間、(あ、来た！) と声が出そうになったが、サーシャがまだ話している途中だったので、グッとこらえる。

そしてまた数十秒後、上空を光のカーテンがサーっと走る。霧が深いのに、なぜさらにその上空が見えるのか、わからないが、ハッキリと光のカーテンを認識する。それは例えるならオーロラ。色はまったくないが、白というか光の色。それが一瞬だけ遥か上空を走る。電気のようなエネルギー。そしてこれが、アーコンであったらしい。アーコンを地球上で例えるなら、まさにオーロラのように見えるらしく、このエネルギーがアーコンとのこと。おそらく、他には誰も認識した人はいなかったようだが、自分にはハッキリと見えた。深い霧の遥か上空で、オーロラのようなエネルギーが広がっていくのを。

ただ、あのとき見たヴィジョンを、今あらためて思い返してみると、あれは霧の上空ではなく、深い霧の中だった。そう、地球上の霧の中を凝視していたのではなく、次元の異なる世界を見ていたのだと気がついた。重なって見える独特の世界観。そして、距離感のつかめない、不思議な広がりを感じる独特な奥行き。だから今、冷静に回想してみると、あのとき自分が見ていたものが、ここではない存在だということがわかる。

まだサーシャの誘導瞑想は続いていたけど、自分の意識はもう、深い霧の中へ。自分の意識が、エネルギーの中へ包まれていくというか、溶け込んでいくというか。それを一言で言うならば、自分の意識と、自分を包み込むエネルギーとの一体感。

そしてすべての方向へと、自分の意識を拡大していく。そのすべてが、自分たちへと繋がっていく。自分を包み込むすべての存在が、自分たちなのだ。

自分・自分・自分・自分……。

そこには、自分と他者とを隔てるものがない……。自分を包み込み、そして自分が繋がるすべての存在が、本当に自分たちであり、自分自身だと、認識してしまう。格好良く言うつもりもないが、大いなる自己、一なる意識……、こういう表現が、一番しっくりとくるように思える。

（うわー、やったー！）

そしてただひたすら、喜びの感情に満たされる。

自分たちに触れることができた喜び。しかし、この至福の時間は、あまりにも残酷に、打ち切られてしまう。時間にして、わずか三～五分程度だった。リサ（サーシャ？）が、早々と終わりにしてしまったのだ……。何か理由があって打ち切ってしまったのかと思いきや、なんと、たっぷり二〇分くらいはやっていたらしい……。全然わからなかった。無情にもわずか数分で、自分たちの中から、シューっと引き戻されてしまった感じ……。

あぁ、うらめしや……。

リサ（サーシャ？）が終わりの時間を告げて、わずか一～二分の間に、嘘のように霧が晴れ、満天の星空が広がっていく……。雨の上がるタイミングも、霧に包まれ、そして霧が晴れていくタイミングも、日中に聞いていた説明のとおり、寸分たがいなく、恐ろしく完璧なシチュエーション。

素晴らしい腕前の演出係に感謝。

コンタクトを終えたその夜。愛のエナジーが、大量に降り注いでいるのを感じる。

これまでに何度も救われた、とても心地よく、何よりも大好きなエネルギー。そしてこの愛のエナジーは、今夜の参加者一人一人に、大量に降り注いでいるのを感じる。

とっても幸せな気持ちに満たされ、眠りについた。

翌朝目覚めると、もっと強く、愛のエナジーを感じられた。それは、朝食後もずっと続いていて、今も絶えることなく、愛のエネルギーに包まれている喜びに満たされている。

そして目を閉じると、拡大した自分の意識が広がっていて、その中を自分が漂っているのが、ハッキリと感じられる。どういうことかというと、その拡大した自分の意識には、宇宙のエネルギーが満たされていることを感じられるのだ。そのエネルギーの中を、自分が漂っているのだ。

拡大した自分の意識だから、結局自分自身のはずなのだが、そこにあるのは宇宙のエネルギー。

そして自分の胸の真ん中、ちょうどハートのチャクラ辺りに、丸い大きな穴がポッカリと開いていて、無限の空間が広がっている。その空間を満たしているのもまた、宇宙のエネルギー。

自分を包み込んでいるエネルギーと、自分の胸の穴を満たしているエネルギーは、同じものであるという、とっても不思議な感覚。このおかしな感覚を説明することは一切できないが、それでもこのエネルギーは、同一のものであるという揺るぎない確信に満ちている。

私のハートのチャクラを満たし、私を包み込んでいる宇宙のエネルギーが何であるか、とても良く知っている。

これは愛だ。宇宙は、私の大好きな愛のエネルギーで満たされている。

これについては、ロンさんが図解して、上手に説明してくれた。残念ながら私には、あれほど的確にあの状態を解説することはできないが。

そしてリサが、祭壇に並べた『ギャラクティック・ルーツ・カード』(リサ・ロイヤル著、鏡見沙椰 訳、デヴィッド・カウ／イラスト　VOICE）から、一枚持ってくる。

それは１０８番目のカード。

そこには、

Emptiness　空《くう》、

Orion Light　オリオンの光、

FUTURE　未来、と書かれている。

「ケンさんは、今まさにこの状態になりました。おめでとうございます。卒業しました」

なんだかよくわからないけど、とりあえず「ありがとうございます」と、お礼を言っておく。

このコンタクトワークを始める前の講義で、ＪＥＬＬＹ　ＢＡＮＤ（ジェリーバンド）についての話があった。これって結構大事な話だったんだと、今頃になってピンと来た。ただ最初に聞いたときには、全然頭に入ってこなかった。

この世界には、Polarity／二極性がある。この世界の次元を超えて行くには、この次元を包んでいる、ＪＥＬＬＹ　ＢＡＮＤを超えて行かなくてはならない。

しかし、人間にはエゴがあり、このエゴが碇《いかり》となって、それを妨げてしまう。

またその他にもPain／痛み による恐れを代表とする、多くの障害がある。そのために、二極性を抱いたまま、このＪＥＬＬＹ　ＢＡＮＤを通過することはできない。

Polarity／二極性　→　Paradox／逆説　→　Alchemy／錬金（統合）の方程式をクリアして、ＪＥＬＬＹ　ＢＡＮＤを超えて行かなければ、彼ら（宇宙連合の存在する意識領域）のいる場所に、コンタクトすることはできない。従って、彼らの方から、ＪＥＬＬＹ　ＢＡＮＤまで降りてきてくれるということ。コンタクト体験は、このＪＥＬＬＹ　ＢＡＮＤの中での出来事だから、物理的な宇宙人と遭遇するわけではない。

たぶん、こんな感じの説明だったと思う。

ＪＥＬＬＹ　ＢＡＮＤを超えて行く方程式をクリアしたのかどうかは知らないが、確かに二極性も、エゴも、恐れも、今の自分は、だいぶなくなったのではないか?とは思っている。もちろん完璧だとは思っていないが、かなり力は抜けている……と思う。

自分の感覚でしかないけれど、それが条件ならば、ＪＥＬＬＹ　ＢＡＮＤは通過できるのではないかと思う。

翌日のシェアの時間で、似たような体験を話してくれる人を待っていたが、皆自分とは違う体験で、（ああ、そうそう！）と言うようなことを、話してくれる人はいなかった。もしそういう人がいれば、自分の体験をシェアするつもりはなかったが、今朝もまた、りかちゃん（あまねりかさんと言って、ライトランゲージという怪しい宇宙語を話す人）に「あなたの体験はシェアすべきよ」と言われたし……と、話してみる気になった。

この体験を、サーシャは「ケンさんの体験は、アーコンと接した典型的な体験です。だからと言って、皆さんが同じ体験をする必要はありませんが。アーコンのエネルギーに触れると、皆すべてが自分であると認識してしまいます。ここにも、あそこにも、自分・自分・自分という体験をするのです」と、解説してくれた。

このコンタクト・リトリートは、自分にとって、初めて集合意識に触れることができた、とても貴重な体験となった。

コンタクト・リトリートから帰った夜のこと。疲れていたので、さっさと眠りについた。どのくらいの時間寝ていたのかもわからなかったが、かつて経験したことがない程の、とっても激しいフリーフォール感に襲われる。もの凄いスピードで、激しく、底なしに落ちていく感じなのだ。

（うおっ！）

思わず、意識が覚醒する。しかしこれは、高次の存在たちがエネルギーワークを実施してくれているのだと、経験から知っているので、決してそこに恐れの感情はない。

ただ、ジェットコースター系が苦手な人は、この感覚はダメかもしれない。

高次の存在たちが施してくれるエネルギーワークは、基本的には、そんなに激しいのは、まずない。もっと脳の奥の方で（松果体辺りから延髄辺り）、何かがずっと作動しているような、奇妙な感覚が続くのだ。しばらくの間、更新が止まることはなく、ずっとアップデートされている感じだ。それと、後頭部の少し後ろ辺り。そこは、肉体からは少し離れているのだが、これも同じように、ずっと何かが作動しているような感覚が、しばらくの間続くのだ。

面白いのは、普段の日常生活において、絶対に認識することのない場所のはずなのに、そこがめっちゃ活性化していることに気がつくことだ。右脳や左脳でもなければ、前頭葉後頭葉でも側頭葉でもない。だから、（なんだこれは！）と、その奇妙さに驚く。

日常生活を送りながらも、その止まることのないエネルギーワークを、感じ続けている。この感覚は一度だけの体験ではなくて、進んでは止まり、また進んでは止まりを繰り返す。

だからもし、あなたの身に、ここで読んだことと同じような感覚が襲ってきたとしても、高次の存在たちが、とっても大事なことをしてくれているのだろうと、抵抗することなく、それが終わるまでその感覚を楽しんでみると良い。

アーコン・エナジーの解説

ロナルド・ホルト

（＊ここは、著者がリサさんとロンさんの了承を得て、提供された音声データから書き起こした解説になります。）

私たちは、前日からこの場所に来ていました。

今週末、ここに来ているエネルギーは、何かいつもと違うエネルギーであると感じるので、それが何か調べて欲しいと、リサに頼まれました。

何となくイメージはあるけど、初めて接するエネルギーだと思うと、答えました。

私は瞑想して、ガイドに訪ねました。そしてこのエネルギーは、アーコンだとわかりました。そのことをリサに告げると、「アーコンて何?」と、聞かれました。

アーコンのエネルギーを説明するために、少し事前に補足しておきます。一なる意識の中に、パラドックスがあります。パラドックスとは、二つのエネルギーが対極に調和し、統合されている状態です。

陰と陽を図解したマークがありますね。この二つの中にも、非常にパワフルな繋がりがあります。壊すことができない繋がりです。陰の中にも陽があり、陽の中にも陰があります。

パラドックスにおいては、陰陽の二元性は、架け橋を超えて、最後は消えていき、スーパーポジションという、いたる所にそれが存在するという状態になります。お互いに調和しているので。このパラドックスは、それを理解する必要があります。

無意識だと、この接点が繋がりを保てません。この二つが繋がるためには、慈愛に満ちた体験に基づいた感謝の気持ちが必要です。お互いを認め合うことで、繋がりを保てます。

一なるものが、ボイド（空《くう》・何もない）を作り出しました。ボイドによって、陰陽の極が二つに分かれていきます。無意識の状態になります。分離を経験します。この意識は、無限のパラドックスに満ちています。無限の二元性です。しかし、その無限の二元性は、調和的に統合しています。どのようにかというと、慈愛と感謝を感じることで、統合されていきます。でも、まったくの無意識だと、そこには体験はありません。どちらが強いかと、支配しあう関係になります。ここにたくさんのレベルがあります。私たちはここで、分離意識を体験します。

理解が段々と拡張されていくと、ハイアーセルフからハイアーセルフへとどんどん進んでいき、最後は、自分がすべてを内包している一なる意識になると思います。

この状態の中にも、二つの二元性が存在します。分離をしているので、主な二極は三つになります。インナーチャイルドと、大人のマインド、この二つの二元性。どっちが主導権を握るかで争います。大人になると子供を嫌がって、秩序や倫理、理性や命令を好みます。一方子供のエネルギーは、自発的に他者と繋がっていて、まるで魔法に満ちています。この二つが戦っていると、結局大人の自分が自分の首を絞め、常に論理や、やるべきことなどの制限でがんじがらめになって、結局ハムスターの回し車のように、カラカラと回ってしまいます。

それから、内なる男性性と女性性。これがもう一つの二元性です。直感と慈愛といたわりと静けさ、それが女性性です。一方男性性は、命令、権威、支配や競争を続けます。最後は慈愛と体験に満ちた理解が得られるまで、戦います。

理解が得られるようになると、故郷に帰りたくなり、故郷は自分の中にあると思うようになります。インナーチャイルドも、大人の中に帰りたいと思うようになります。大人の中に、すべての気づきと答えがあると思うのです。

この二つが統合され始めると、ハイアーセルフがローアーセルフと、つまり偽者の自分と統合され始めます。この架け橋のところに、痛み、恥、非難、罪悪感、恐れ、エトセトラ・エトセトラ……があり、それを受け入れる必要があります。

これら（痛みや恥など）によって、抵抗やブロックができます。感情を通して、自分に問いかけられます。ハイアーセルフとローアーセルフの間に、問題となっている違いは何か？　大人と子供の違いは何か？　男性性と女性性の問題（違い）は何か？

すると、いろいろな痛みのストーリーが出てきます。全部鏡みたいなもので、いろいろなレベルのストーリーが存在します。これら（ストーリー）は、単に分離と収縮です。

もしもストーリーがなくなると、単に分離と収縮だけになります。

サーシャが話していた、恐れ（感情）のバンドの話になります。

ストーリーがなくなると、簡単に通過できます。

これは全部偽りのストーリーで、テストみたいなものです。

一つ一つのストーリーを取り外していけば、例えばサーシャが話していたように、愛を受け入れて、痛みとか罪悪感もまた、そのままに受け入れることができます。

愛と痛みとか、愛と光とか、この二つを同時に感じることで統合されていきます。

では、アーコンとは、一体何か？

これがなくなれば、つまりストーリーがなくなれば、二極性はもうなくなります。陰陽も統合されて、ダイヤモンドになります。それは光です。あらゆる角度に光が放たれていきます。二元性が融合されるからです。

先ほど、ケンが体験をシェアしてくれた状態になります。

ストーリーはない。二元性が統合されると、二極性のない、ただのダイヤモンドの光になります。クリスタルの光というのは、まだ二極性を秘めています。でもダイヤモンドの光には、二極性はありません。すると陰陽の接している部分が開いていき、ここにも、そこにも、あそこにも、いたる所に自分が存在している、全部が自分であると認識をしてしまいます。

アーコンというのは、二極性を統合し、ジャッジすることのなくなった人々の集合意識です。それがアーコンのエネルギーです。

アーコンというのは、ダイヤモンドの意識であり、再統合へと帰還したものです。

時間と共に、もっとこのエネルギーを体験できるようになります。

7．リサ・ロイヤル・ホルト　個人セッション2

ここまでに書いた原稿の内、「コンタクト　イン　グアム」「リサ・ロイヤル・ホルト　個人セッション1」「コンタクト　イン　富士山」は、リサの名前が出てくる、又はその発言が大きく関わるので、この三つの章について、翻訳したものを、事前に読んでおいてもらった。

それと、前回の富士山でのコンタクト体験で、ロンさんが解説してくれた内容について、もう一度教えてもらいたいと、お願いをしていた。

そして昨夜、リサがロンさんに聞いてくれた、とてもながーい話を、要約してくれて、次のようにまとめて教えてくれた。

アーコンが教えてくれているのは、「108番目のカード」が象徴しているように、宇宙の愛を感じるには、私たち人間の中にある二元性を統合しなければならない。（つまり、ニュートラルになるということ）

「宇宙は、愛のエネルギーで満ちている」と感じたことについて、答えを一つもらえたことで、ロンさんと、このロンさんのとてもながーい話を要約して伝えてくれたリサに、心優しき二人の愛に、あらためて感謝。

個人セッション2　2016年11月22日

リサ：この原稿を読ませていただきましたが、とても素晴らしかったです。特にグアムのところ、素晴らしかったです。それと富士山でのコンタクト体験のところも、素晴らしかったです。

ケン：特に気になったところとかは、ありませんでしたか？　正確に録音されたデータから書き起こしているわけではないので、リサの言葉が一語一句正確に再現されているわけではないと思います。何か訂正箇所とかは、ありませんでしたか？

リサ：完璧です。素晴らしい文章ですね。間違ったことを言っているようなところは、まったくありませんでしたよ。

逆に、あなたの体験を、私のコンタクト・リトリートの参加者に、シェアしてもいいでしょうか？

ケン：もちろん、もちろん。

リサ：ありがとうございます。

皆にも体験して欲しい、完璧なコンタクト体験でしたね。自分、自分、自分……という部分は、特に気に入っています。本当に美しい体験でした。

ケン：この原稿を書き始めるときに、まず初めに、ボブとの会話を書こうとしました。忘れる前にまとめておこうと、書き始めたのですが、実際に書き始めたのは、なぜかプロローグからでした。この「名のない世界」は、集合意識のことを書いているのですが、自分でも書いていて何を書こうとしているのか、どういう展開になるのか、着地点がどうなるのか、まったくわかりませんでした。

リサ：チャネリングするとは思わなかった人がねえ（笑）。本をチャネリングすることになるなんてねー！（大笑）

ケン：三月の個人セッションで、サーシャにたくさんのヒントをもらい、それから、考えて、考えて、自分なりの答え、「私たちの物語」に辿り着きました。それについて、八月にブルース・モーエンさんとシェアをし、お互いの認識が一致していることを確かめました。この話は、現在の自分たちから見ると、未来生の私たちがいて、でも地球に来る前の私たちから見ると、それは過去世の私たちであり、つまり、過去と現在と未来の自分たちが同時に存在していないと、成り立たない話になります。地球の時間軸で考えてしまうと、非常に理解しにくい話になりますが、この物語は、この考え方で成立しますか？

（p．130の〈イラスト1〉の英語版を使って説明をしながら）

リサ：イエス。すべての時間は、今同時に存在しています。

ケン：ああ。やっぱり成立するのですね。地球の時間軸の考え方で、そこだけがどうしても……。

リサ：そこが一番難しいところですね。エゴが、時間というものを、直線でしかとらえないからです。でも、こちら（集合意識）から見ているあなたは、すべてのことを同時に認識しています。未来の自己（五次元存在）も、それを認識していますね。ここにいる次元の者（ケン）だけが、それを困難に感じています。

そしてここからは、サーシャへの質問

サーシャ：こんにちは、サーシャです。
今日も、会えて嬉しいです。質問に、喜んでお答えします。

ケン：かつて自分たち三人が存在していたという時代は、地球の時間で言うと、いつの時代のことですか？

サーシャ：ボブとブルースとケンの三人のことですね。オーケー。一回だけではありませんし、地球だけでもありません。とてもたくさんあるので、メインになるところだけをお話しします。

時間は直線的ではありませんが、整理しやすくするために、直線的にとらえてお話ししますね。ヴェガの時代まで、遡ることができます。第一期から第二期の初期のところ、ヤングアダルト、まあ青年期くらいまでにいました。ヴェガがまだ、若い青年だった頃です。

そこで、意識のテクノロジーに、取り組んでいました。今生でロバート・モンローがやっていたことと、とてもよく似ています。

でも、電子機器を使うようなテクノロジーでは、ありませんでした。意識のテクニックを使った、ということですね。

あなたはその頃に、ボブをサポートしていました。彼の元で働いていたわけではなく、意識のテクノロジーの開発を、手助けしていたということです。

それから、オリオンの時代にも、重要な人生がありました。しかしそれは、三人にとっては、あまり好ましくない転生だったかもしれません。それは、すごく困難な時代でした。そこでは、スピリチュアルなテクノロジーを使って、意識をコントロールするための方法を探っていました。

それは、その当時存在していた、帝国から離れるためでもありました。そういう実験を重ねながらも、ここには関わらない方がいいという感覚があったのですね。実験的な過去世でした。その一回の人生では、それをやりましたが、その後三人は、そこに転生し続けるということは見えません。

地球の人生が次ですね。アトランティスの時代ですね。ここでは、長期間に渡って、何回も転生しています。

ここは最初、オリオンと、とてもよく似ていました。

毎回同じアプローチではなく、ここでは、もっと健全なアプローチをしていこうとすることに、目覚めていきました。なので、自分たちのワークの背後にある哲学を、シフトさせました。二極性ではなくて、ニュートラルなベースで転換させていく、そういった方向に転換させていったのです。

でも、それはとても難しいと感じました。なぜなら、その当時の地上では、二極性がもっと悪化していったからです。それは地球において、進化のプロセスの真っ最中でした。

その当時、そのテクノロジーを実際に使える人は、すごく数が少なかったからです。

ニュートラルな意識を維持することができる人が、ほとんどいなかったからです。

アトランティスの最後の時期に生まれたときには、非常に大きな二極性の中にいました。

それはオリオンと、とっても似ていました。オリオン文明時代に、似た状況にあったのです。

でも、オリオンとは違う方法を使わなければいけないということも、知っていました。というのは、その方法は、もう使わないということを、決めていたからです。

学校で何かを教えるというよりも、自分たちの意識を使って、集合意識を穏やかにする方法で、鎮静化させようとしたのです。

その頃は「意識」に対しての「マッド・サイエンティスト（狂気に満ちた科学者）」みたいな（笑）、別にネガティブな意味ではないですよ。「実験的なことを、すごくたくさんしていた」ということです。


人類は、二極性のサイクルを通過していくということを、これまでに何回もしてきたので、三人は同じようなことを、そのサイクルの中で、何度も繰り返しやってきました。

地上での体験や、銀河での体験をたくさん通過し、集合意識となった後で、三人はまた、地上にやって来たのですね。

そこでもまた、ボブがリーダーになりました。そして人々がジェリーバンドを通過する技術を、彼はまた人類に与えたのです。彼はその遺産を遺していきました。

だから、これからたくさんの世代が、それを活用できるようにしたのです。

それがまとめになります。

ケン：自分たちの集合意識には、名前はありますか？
又は、どこの星系でしょうか？

サーシャ：三人が独自の存在として生きていたときには、別に名前はありませんでした。

非物理的な表現を始めたときに、密度のスペクトラムというのがあるのですが、物理的な存在の最後としては、この第四密度にいます。

第五密度というのは、エネルギー体として自己を表現する領域になります。

第五密度を通過して行く間に、小さなグループ意識というものが生まれていきます。

皆さんの意識が、一つのグループ意識として表現されていくようになると、それは第五密度の中で起きている、ということになるのですね。

そのときは、シリウスのエネルギーを活用しながら、表現をしていくことになります。だからシリウスとの関係性ですね。シリウスのエネルギーを使って、集合意識へと変容していきます。

だから未来の集合意識の自己とは、この雲のようなもので象徴されることになります。（イラストを見ながら）

三人以外にも、他にも属する存在はいるのですが、三人が構成要素として、存在しています。

ケン：では特に、名前というのはないのですね？

サーシャ：この意識領域は言語ではないので、ないですね。だからです。

でも、シンボルはあります。

それは、エレクトリックブルーの三角形です。

ケン：ああ！　三角形のシンボルなら、ブルースも私も、見たことがあります。

サーシャ：それです。面白いですねー。

ケン：今度フロリダの家を訪ねて、「一緒に、集合意識を訪ねる」という共同探索をやってみる予定です。そのときに、きっとまた見ることができますね。

サーシャ：彼はアメリカ人ですよね？
日本語をしゃべるのですか？
どうやってコミュニケーションを、取るのですか？

ケン：いえ、日本語はしゃべれませんが、通訳さんが一緒に行ってくれます。
一緒に、意識領域を訪ねているときは、会話が成立しているので、そこでは言葉には困らないのですが、肉体に戻ってくると通訳さんが必要になります。

サーシャ：イエス、イエス（笑）。

ケン：自分たちの集合意識の前の段階、いわゆる五次元の存在、自分の未来生ですね。
それはどこの星系に属していますか？

例えば、サーシャであればプレアデスのように。

同じように、自分が属している星系は、どこですか？


サーシャ：一つ以上あります。

ランダムにたくさんある、というわけではないです。繋がっているものがいくつかある、ということです。

シリウスの、とても強い構成要素があります。

アルクトゥルスもあります。

シリウスの未来の自己が、存在しています。

肉体的な表現からは、ほんとに遠く離れて、ほぼ非物理的なレベルに行っています。

ヒエラルキーという表現はあまり使いたくないのですが、説明の一つの手段として使います。（ヒエラルキーとは、階層制や階級制のことであり、主にピラミッド型の段階的組織構造のこと）

シリウス人に比べると、プレアデス人の方が物理的な次元に近い位置に、存在しています。

だから、レベルとしては、シリウス人の方が上、ということです。

プレアデスもあります。プレアデス人としては男性です。シリウス人としては、性別はもうなくなってはいますが、どちらかというと男性性に近いという資質を持っていますね。

未来の自己はたくさんありますが、最も強いものを、二つお伝えします。非常に進化したシリウスの未来の自己もあるし、とても人間に近い、もっと物理的次元に近いプレアデスの自己も持っています。

明確になりましたか？

ケン：はい、とても。何となく自分の想像通りというか、イメージ通りなので、（ああ、やっぱりな）という感じです。

サーシャ：エクセレント！

ケン：三月の個人セッションのときに、サーシャにたくさんヒントをもらったので、そこから考え続けて、ある一つの答えに、辿り着くことができました。

サーシャ：素晴らしいですね。自分の直感に従ったということが、素晴らしいです。

ケン：自分の直感に従うということが、自分にとっても、一番大きかったですね。

サーシャ：私たちの助言よりも、自分の直感に従うことの方が大切です。

ケン：ありがとうございます。

サーシャ：十分答えになっていますか？
まだ時間がありますが、他には質問はありますか？

ケン：用意していた質問は、だいたい終わっちゃいましたね。聞いてみたいところは。
せっかくなんですが……。
あ、今までに、地球にはどれくらいいるのか、それはわかりますか？

サーシャ：タイムラインの考え方から、時間的な長さや、転生の数を数えることを言うのは、難しいのですが。

特に、歴史的に見て、非常に強烈な出来事があるときを、選んで来ているみたいですね。その方が楽しいし、興味深いから。

アトランティスの前になりますが、レムリアがありました。あなたのエネルギーは、レムリア時代は、今とはちょっと違っていました。もっと女性的でした。

その当時、レムリア時代のあなたは、アルクトゥルスのエネルギーと、とても強く繋がっていたのですね。女性性を多く持っていて、女性として転生することが、多かったのですね。

その時代は、プレアデスとの繋がりも、すごく強かったのです。

なので、その時代、プレアデスの存在たちと、コンタクトを取っていました。

レムリアの時代は、女性的だったので、プレアデスとの繋がりも、すごく強かったのですが、その後、アトランティスの時代になると、男性性が強くなり、シリウスとの繋がりが強くなりました。

あなたは、サイクルの周期の変化を、とても敏感に感じ取ることができる人だったので、その一つの周期が終わって、次の周期が始まった頃には、それにピッタリと合う、そのエネルギーに繋がるということが、非常に上手にできた人だったのですね。

過去1万3000年は、アトランティスのサイクルですから、男性性のエネルギーを、強く表現していました。でも今は、地球は女性性のサイクルに、移行しつつあります。

でもそれは、この二つの間を、振り子のように、行ったり来たりしているわけではありません。二つのエネルギーが、もっと統合されたエネルギーとして、体験していきます。

おそらく、この後にあなたが選ぶ人生は、もっと男性性と女性性が統合された存在としての、エネルギーになると思います。

それでも常に、意識に関心のある生き方を、していくでしょう。

あなたのパターンとしては（笑いながら）、最初は普通の人生を送っているように、見えるのですが（笑）。

それは家族がいて、子供がいて、普通に仕事をしていて、というように。

だけどもあなたが、スピリチュアルな道の方向に進もうとしないと、宇宙がドーン！と背中を押して、そっちの道にあなたを、向かわせようとするのです（笑）。

今生もまた、そうですね。UFOとのコンタクト体験も、そうですね。

ケン：三月の卒業リトリートの直前に、サーシャに「もっとオープンに生きるように」と勧められて、オープンにすることに、意識を変えました。するとそれから、いろいろなことが動き始めて、驚いています。

サーシャ：イエス、イエス！

この人生でオープンに動き始めることは、「最初からやり直す」というわけではありません。既に霊的な知識は、持っているからです。

だから、最初からやり直す必要は、ありませんでした。

夏のコンタクト体験は、もの凄く深い体験で、初心者は通常、ああいった体験はしないのですね。できないんです。別の転生で、何度も何度も、そういった体験をしているので、あなたにとっては、なじみのある体験だったわけです。

地球に転生しているときは、歴史的にドラマティックな展開が起きているときを、選んで来ています。

ケン：とても納得のいく話が、たくさん聞けました。
三月から、とてもたくさんの出来事がありました。あの三月が、今年の三月であったとは思えないくらい、この八ヶ月は、とても濃密で、長く感じられます。でも今は、楽しくて仕方がないです。

サーシャ：ワンダフル！

クラスに来た初めの頃は、とてもそうではなかったですね（笑）。

宇宙が背中を、ドンドン押したのですね。

何でここに来ているのかわからなくても、最後までやり遂げてくれて、私たちは、とても嬉しいです。自分の直感に従った、ということですね。

まだあと五〜六分ありますが、どうしますか？

ケン：もう十分です。ありがとうございました。

サーシャ：あなたのプロジェクトが、素晴らしいものになりますように。

次に会うときまで、たくさんの愛を送ります。

リサ：面白いですねー。まるで違う人と話をしているみたいです。

(最後にサーシャが言った「あなたのプロジェクト」とは、これから始めようとしている、新しいワークショップのことかな？と、頭をよぎったので、少しその話をした)

ケン：ブルースはこれまで、世界のいろんなところで、ワークショップをしてきました。夏のワークショップに行ったときのことですが、「ブルースはもう肉体的な問題で、ワークショップをすることができなくなってくる。これからは、ケンがそれをやる番なんだよ」と、ボブに言われました。

リサ：わぁお！

ケン：「新しくケンのオリジナルのワークショップを始めるんだよ」って言ってくれたと

きに、この本のように、たくさんの情報を与えてくれました。
そして来年の二月に、ワークショップのデモをやることになりました。

リサ：イヤー！（小さく拍手しながら）

ケン：そしてそのワークショップをしている場面を見せてくれたのですが、そこには参加者と、その参加者一人一人のハイアーセルフが一緒にいて、一緒にエクササイズをしているんですね。それを見たときに、ワークショップってこういうものなんだ！って興奮して、ああ、これはやってみたいと思って。
で、そのときに見た部屋というのが、去年の今日、チャネリングメッセージをもらった、あの部屋だったんですね。

リサ：わぁおー！　オーマイガー！（大笑）

ケン：それで、あの部屋を借りてやることにしました。一般募集はしていないのですが、昨日の段階で27名も集まってもらえることになりまして、とても嬉しく思っています。

リサ：わぁあおー！　アメージング！
二月の週末って、もしかして私のクラスがある週末と同じですか？

ケン：最初は同じ日程で違う部屋でしたが、変更しました。変更して、あのヴィジョンで見たのと、同じ部屋にしました。
でも変更した後に、人数がドン！と増えました。

リサ：宇宙のサポートですよね。その選択が「正しい」と、教えてくれているのですね。
もしも同じ週末に、同じ場所でワークショップをしていたら、すごく面白いですねー。
あっははは—。

＜イラスト１＞

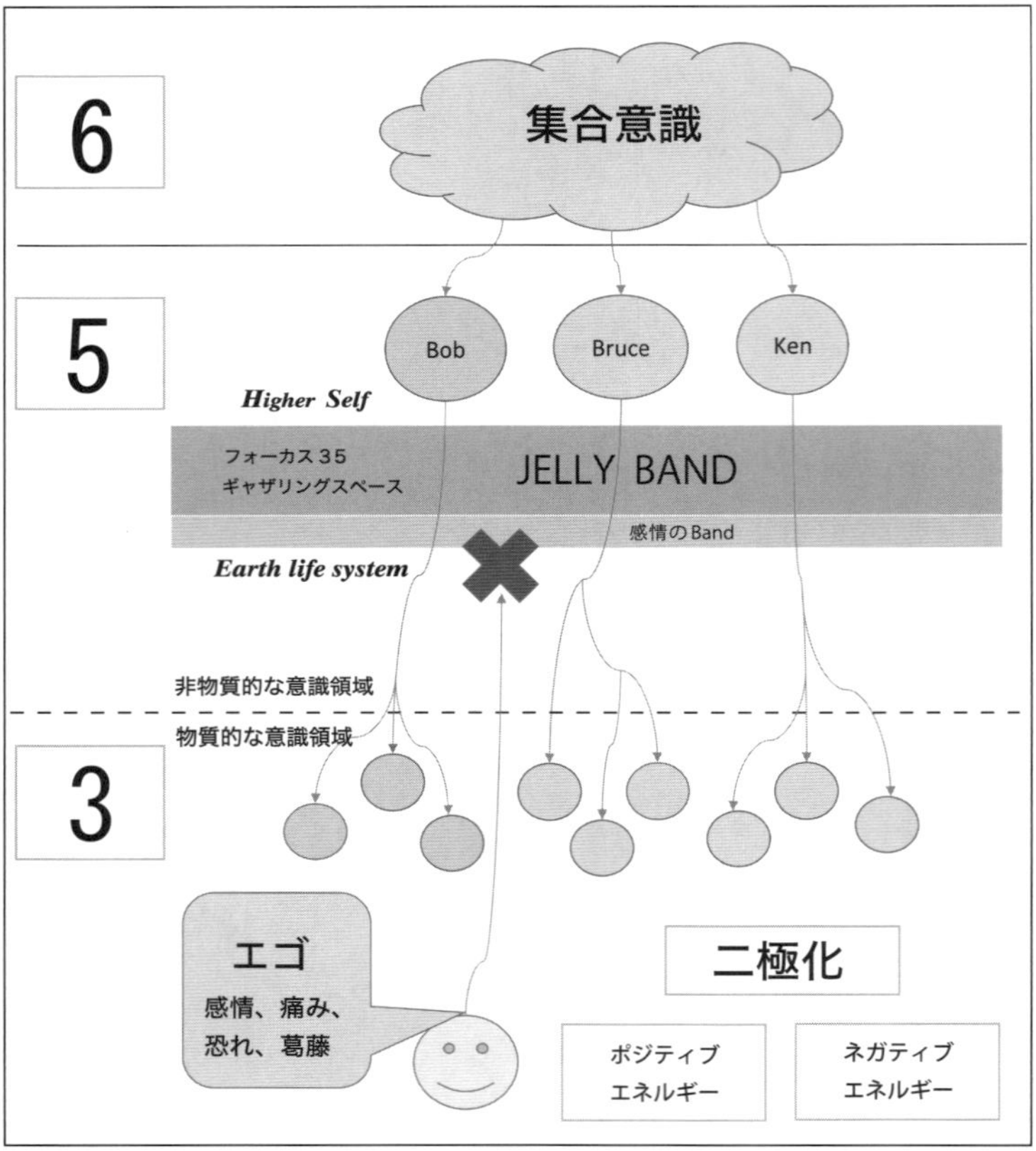

※６は、６次元（密度）
５は、５次元（密度）
３は、３次元（密度）

8．琵琶湖リトリート

２０１６年の11月26日～27日に、「リサ・ロイヤル　第４密度に向けたプレアデスの叡智　特別リトリート」というイベントが、琵琶湖で開催された。

突然の話ではあったが、ひょんなことから、前日に、急遽参加が決まった。

リサのコンタクトワークであるという認識程度で、このワークの目的というか、趣旨も知らなかったが（正式なタイトルは、今初めて知った）、リサと、リサがチャネリングする存在たちに会えるということで、喜んで参加した。

22日に、リサの個人セッションを受けたときには、もうこの後は、最終的な原稿を確認してもらうときまで、会うことはないだろうなと、そう思いながら帰ったのだが、わずか数日後に、再び顔を合わせることになるなんて、可笑しくって、リサの顔を見たら笑ってしまいそうだった。

京都駅から近江舞子に向かう電車の中で、隣に誰かが座った瞬間、(あ、この人リサに行く人だ!)とピン!ときて、ふと隣を見ると、いかにもそういう雰囲気のある女性だった。話しかけてみると、やはりリサに参加する人であり、敬子さんという方だった。話してみると、リサ繋がりの共通の知人がいて、それはこのリトリートに参加する権利を譲ってくれた、りかちゃんだったので、驚いたのと面白いのと、やっぱりすべての事象には偶然はないのだ!と、高次の存在たちの演出に、(細かいところまで面白いよー)って、笑いながら感謝した。

ちなみに、この車両に乗り合わせていたリサの参加者は、自分たち二人だけだった。

ロンさんも、リサも、古代日本の歴史や、宇宙と繋がるエネルギーポイント、いわゆるパワースポットなど、その背景に至るまで、驚くほど詳細に知っている。高次の存在たちから聞いた情報を、とても丁寧に解説してくれる。そんな宇宙人から知り得る情報の面白さは他にはなく、リサやサーシャがチャネリングする存在たちの講義を聞くだけでも、非常に価値のある時間を過ごすことができる。

彼らは、まだ知的に発達していない人類の時代から、関わりを持って、見守ってきてくれているそうだ。そんな当時のコミュニティの一つが、ここ琵琶湖でも形成されていたらしい。地球上でも、最も古い湖の内の一つだと言っていた。

琵琶湖湖畔のとても素敵な場所で、ハモンの大好きな野外ワークがたくさんあるかと思いきや、あいにくの天気となり、初日の夜から本降りになってしまった。もしも晴れていたなら、きっと満天の星空が見えたであろうから、それだけが心残りだ。

お昼頃には晴れ渡っていたのだが、天気を気にして空の様子を見に行って来たリサが、やはり夜には雨になるだろうと、夜に湖畔にてやる予定だった屋外ワークを、十五時からに変更して実施することになった。

琵琶湖の湖畔に集合したときに、面白い出来事があった。友人の結婚式のお祝いメッセージを撮るために、若く綺麗な二人の女性が、集合場所と同じ場所にいた。一人がキャスター付の椅子に座り、「ハッピーウエディング！」と、絶叫しながら琵琶湖に飛び込み、友人に「京都の水はここの水や」って、メッセージを伝える、見ていてとても心温まる、まるで映画のワンシーンのような、とっても面白いハプニングだった。

このエピソードについて、「結婚式は、男性性と女性性を統合する象徴のようなもの。このハプニングも、決して偶然ではないですね」って、リサがたぶんそんな話をしていたと思う。

ワークを始める前に、この土地のエネルギーに敬意を表し、感謝を述べ、セージを燻《いぶ》して、この土地のエネルギーと繋がりやすくしてくれる儀式を、リサが一人一人にしてくれたのだが、今日、ここに来ている自分が可笑しくって、笑いをこらえるのが大変だった。

自分の順番が来たときに、リサの顔を見てみると、リサも満面の笑みを浮かべており、ほんとは可笑しくって笑いたいのだろうな、という表情だったから、思わず（うふふ）と笑ってしまった。

サーシャのガイダンスで、屋外ワークを実施したのだが、まだ昼間だったこともあり、いろんなノイズがうるさくて、ガイダンスがよく聞こえなかった。特に電車の音がうるさかったのだが、決定打となったのは、ヘリコプターの音だった。すべてをかき消され、何も聞こえなくなり、（ああ、もういいや）と、聞くことをあきらめた。

黄金の湖に統合される自分……みたいなテーマだったと思うのだが、今回の目的も知らなかったので、やることはよくわからなかった。ただ、もしも最初から知っていたとしても、あんまり関係はなかったと思う。

このときの体験は、こんな感じだった。


湖の上を、ゆっくりと歩いている。太陽に照らされて、黄金に輝く湖面。ふと見上げると夜空、宇宙が広がっている。どれくらいの時間が過ぎてからなのか、わからないが、ヘリコプターの登場により、ガイダンスに集中することを、あきらめた後だった。

急に、全身に電気が走ったような感覚があった。身体がビシン！となったその瞬間に、自分の意識がとてもクリアになった。感覚がとてもビンビンに、研ぎ澄まされている。と、そのとき急に、自分の身体の右半分と左半分で、異なる二つのエネルギーに、真っ二つに分断された感じがした。そして少しすると、それがとてもゆっくりと、混じり合っていくのがわかった。身体を分断している、異なる二つのエネルギーが混じり始めると、それはとてもゆっくりと、スパイラルに絡まっていった。それはまるで、ＤＮＡの模式図のような二重螺旋になっていった。そしてゆっくりと、足元から、湖へと溶け込んでいく。湖のエネルギーは、自分以外の皆のエネルギーで満ちており、自分の中の異なる二つのエネルギーとも、さらに溶け合っていく。とても奇妙な感覚で、不思議な時間を体験した。

この体験を、翌日サーシャに尋ねてみた。ガイダンスに沿った体験なのか、まったく違うことを経験していたのか、ガイダンスを聞いていなかったため、確認をしておきたかったのだ。シェアを話し終えると、まずサーシャが笑っていた。「ケンさんを見ると、笑ってしまいますね」と。こちらも可笑しかったので、そこはお互い様だが。

サーシャ：完璧です。でも、誘導はあくまでも枠組み・目安として捉えてください。ガイダンスの内容には囚われ過ぎずに、ハイアーセルフが導いてくれる体験を、大切にしてください。宋さん（同じチャネリングコースの友人）は自分が寝てしまったと思っているようですが、皆さんそれぞれが、必要な体験をしています。

イメージとは少し違いましたが、まさにガイダンスに沿った体験をしています。なので、きちんとした意図に従っています。おめでとうございます。

ケン：ありがとうございます。

この日のシェアで、前日に電車で隣り合わせた敬子さんの話が、面白かった。それは前日の夜に行われたワークで、アマというプレアデスの女性が、誘導してくれたときのことだったらしい。

光を放つシルエットだけの存在が現れ、自分の1000年後の未来生の存在であり、「ケン」と名乗ったそうだ。そして後から私の名前を「ケン」だと知って、そのシンクロに驚いていた。

この日の講義で、自分が前著に記した考え方と同じ話が聞けたので、とても嬉しかったことがあった。それは、湖と一滴の雫に例えた、こんな話。

湖全体が、一つの意識であり、そこから一滴の雫である、分離された自分が存在しています。一滴の雫である自分は、分離された存在であり、湖の中の一滴であるとは、認識できていません。やがて死が訪れて湖に帰ると、すべての記憶が溶け込みます。そして、湖から新しく生まれてきた一滴の雫は、すべての記憶を持って生まれてくるのです。

これはとても丁寧な説明で、結構長い講義をしてくれた話であったが、とっても簡単に端折ると、だいたいこんな感じのお話。

この話が、自分が前著に書いた、自分はAグループの中の一人にしか過ぎない、という考え方と同じだったので、とても嬉しかった。

この他にも、日本の「アマ」に関する話（天照大神や天橋立や天川《あまかわ》神社など）や、二元性の中をループし続ける話や、誰かの質問からの龍の話など、宇宙人的視点での、それは、面白い話が満載で、あっという間の二日間だった。

個人的な感想ではあるが、チャネリングコースよりも、コンタクトワークの方が、面白い（笑）。本当は、夏の富士山でとっても満足したから、もう参加するつもりはなかったのだが、この日の帰り道では、また来年も行きたくなってしまった。中毒・依存・エゴ（笑）。

もしも、ここで得た情報に惹かれるのを感じたのなら、自分で体験してみることを、ぜひお勧めします。

9. After 2012

2016年の8月に、8年振りに「ブルース・モーエン ワークショップ」に参加した。

この日行うエクササイズは、二つ。まず一つめは、ギャザリングスペースがある意識領域を訪れ、宇宙人と出会い、さらにビッグイベントについて彼らに教えてもらう。

ビッグイベントとは、アセンション、シフト、アースチェンジズ等、様々な呼び名があるが、それらがどういった出来事なのかを、ギャザリングスペースにいる宇宙人に教えてもらう。

私個人的には、ギャザリングスペースがどこにあるのかも、ビッグイベントが何であるのかも、自分なりの答えに辿り着いた。

今回のワークショップは、元々エクササイズの内容はどうでもよくて、ブルースとの時間を楽しむためにここに来たので、初日から一貫して、どのテーマにおいても、さほど興味は抱いていない。


ギャザリングスペースについて。

一冊目の著書『人は死んだらどこに行くのか』（ハート出版）にも書いてあるのだが、「五歳の少女　メアリー」という章に、「子供の頃から繰り返し見る夢が二つあって」（p．51）と書いてある。一つ目は、そう、メアリーの夢だ。もちろん、あの日から一度も、メアリーの夢を見ることはなくなったので、今は一つだけ。

その、もう一つ見る夢の場面とは……。

ふと気がつくと、自分は、宇宙空間を漂っている。そして地球を、宇宙から眺めているのだ。（綺麗だなぁ）と、ぼんやり眺めている。そのときは、自分の目があるだけという感覚ではなく、ちゃんと全身の感覚も認識できるし、手足があるのを視認できる。宇宙空間で両手両足を広げて、ぼんやりと地球を眺めながら、ふわふわと漂っているのだ。

ふと周りを見渡すと、宇宙船が静止している。

（おや？）宇宙船の存在に気がつき、ドキッとする。何気なく、無意識に前後左右を見渡して見ると、かなりの数の宇宙船が点在し、静止している。

（うわっ！）初めて気がついたときには、とても驚いたのだが、宇宙船は、地球を取り囲むように、複数点在している。

この場面は、ボブの本を読んだときに、そこがギャザリングスペースであると、ピンときた。なぜそんなところを漂っているのか、理由など考えたこともないが、その場面をよく記憶しているだけだ。

だからこのエクササイズで、ギャザリングスペースに行くということを聞いた時点で、（まあいつもの無数の宇宙船が漂う宇宙空間に行けばよいのね）と、気楽に考えていた。

そこに行く目的もこれといってなかったが、他にやることもないので、とりあえずそこに行ってみようと思った。

この年参加したワークショップは、大変失礼ながら、私にとってはどのエクササイズにおいてもほとんど身が入っておらず、集中力に欠けたまま、ガイダンスに至ってはまったく耳に入ってこない状態だった。

このときのエクササイズも同じで、目的意識に欠けるため、集中力のないまま、ガイダンスを聞くこともなく、（どうれ、ではギャザリングスペースにでも行ってみるか）と、どうれどっこいしょ的に重い腰を上げて、フラフラと歩いていくような気分だった。

エクササイズが始まってすぐに、本当にすぐに、ボブが現れて、

「ケン。面白いところに連れて行ってあげるよ」

と、楽し気に話しかけてきた。

私は2008年に「ボブ」の存在を認識してから、今までただの一度も、そのことで得意気な気持ちになったこともないし、逆に何で「ボブ」が登場するのか？　不思議でならなかったし、彼の登場には、不信感さえ抱いていた。

しかし、2008年以降、常に「ボブ」の存在を感じ続けている。これまでずっと、一緒にいることを認識している。しかし一緒にいるとはいえ、彼は、基本的には、話しかけてはこない。微妙な距離感をキープしつつ、ニヤニヤと楽しそうに見ている。話しかけられていたとしても、自分がそれを認識できていないだけ、という可能性も捨てきれないが、たまぁに話しかけてくるときには認識できているので、おそらく普段は、やっぱり無口な観察者な

のでしょう。

しかし、このエクササイズのときに登場したボブは、びっくりするくらい、非常に饒舌だった。

とても嬉しそうで、とても楽しそうで。

ボブは、人の好奇心をくすぐるのが、非常にうまい。おそらくボブ自身が発しているバイブレーションが、とてもハッピーなものであり、こっちも（うわー、なんか楽しそう）と、ついその気になってしまうのだろう。ま、最もこのときは暇を持て余していたので、喜んでついて行ったのだが。

移動するような感覚は一切覚えていないのだが、気がつくと、ある建物の中にいた。

そこはとても広いオープンスペースのホールになっていて、すべてが真っ白だった。壁も床も真っ白で、この部屋全体が、軽く発光しているかのような印象を抱いた。この空間自体が、少し眩しく感じられるのだ。電気的な感じではなく、エネルギー的に。

この広いホールの中を、たくさんの人たちがウロウロしている。それは主に、このエクササイズの参加者たちだったと思う。それぞれ皆、どうやら誰かと待ち合わせをしている、という印象だ。そして驚くのは、それ以上の数の宇宙人が、たくさん集まっていることだ。すごい数の人たち？（宇宙人）がいて、皆一様に楽しそうで、この空間がハッピーな感情に満たされ、賑わっている。この雰囲気に一番近いのは、国際空港の出発ロビーだろうか。いろいろな国の人たちが入り乱れ、とっても不思議な、インターナショナルな賑やかさ。再会を喜び合い、みんながみんな笑顔に溢れている、そんな印象だ。

見渡す限りに点在する、様々な星の人たち。その異様な光景は、興奮を抑えきれず、絶叫せずにはいられなかった。

「うわぁおーーーー！」

大興奮しながら、思わず絶叫して吠える。

おそらく私の人生の中で、最も興奮した瞬間だったと思う。

ケン：すごーい！

ボブ：ふふふふ。面白いだろう？

ケン：ここは、どこ？

ボブ：ここはね、一緒にギャザリングスペースに行くための集合場所だよ。ここで皆、自分の対象となる存在と待ち合わせをして、ギャザリングスペースへと入って行くんだ。ブルースはここを、ギャザリングプレイスと呼んでいるね。

ホールにいる皆の様子を観察していると、誰かと宇宙人とが、ああ、やっと会えたねという感じで、握手をしてからハグをし、そのまま一緒に、一瞬でヒュッと飛び立って行ってしまった。瞬間移動というか、上に飛び立って行ったと思うのだが、ほんとに一瞬で消えてしまった。お互いを見つけた者同士が、再会を喜び、次々にヒュンヒュンヒュンと、消えていく。

（ははーん、なるほどー。そういうことかぁ。これはおもしろーい。笑）

ボブ：ここは、私が作った場所だよ。ブルースが始めたエクササイズには、ここが必要だったからね。そしてこれからも、ケンがここを使うことになるよ。

ボブはとても楽しそうに、その話をしてくれている。いつも感じるのは、ボブは常にハッピーバイブレーションの塊で、一緒にいると自分も同じハッピーバイブレーションになってくる。

ボブ：ギャザリングスペースに行くために、ここを通って行くのには、もう一つ大きな理由があるんだよ。

ケン：あ、それ、なんとなくわかる。意識が途切れないようにするためでしょう？

ボブ：ふははは。人は皆、無意識の内にギャザリングスペースを訪れている。つまり寝ている間に、誰もがそこに行っているんだ。そしてそこで、ハイアーセルフとコンタクトしているんだよ。地球へと転生していった本来の目的のために、ここに来てアドバイスをもらうのさ。ギャザリングスペースは、人間とハイアーセルフがコミュニケーションを取れる、唯一の意識領域なんだよ。潜在意識の中に、ちゃんと記憶されているよ。

ケン：そうっかぁ。だから俺も、繰り返し、繰り返しここに来ていたんだぁ。目的を思い出すために。

ボブ：しかし難しいのは、記憶は潜在意識の領域にあるということ。意識が肉体に戻れば、それを思い出すことは難しい。だから日常生活において、それを思い出すことができるように、仕掛けをしておくことが多いんだよ。キーワードやアイテムがきっかけとなって、その潜在意識の領域に、繋がることができるようにする。

他にもハイアーセルフ同士と、ここで出会いを調整したりもしているよ。すべての事象には意味があって、いつだって面白いんだよ。どちらもまた、楽しんでいるのさ。

ケン：ここが次元の膜、『JELLY BAND』だね。そしてあなたはここを『フォーカス35』と呼んだ。人間の意識領域と、五次元の意識領域のはざま。人間の意識領域のまま、ここに来ることは不可能なんだよね？

ボブ：意識は、どこまでもずっと繋がっているので、どこまでも探索することは可能だが、人間の意識のままでは、人間の意識領域を超えて行くことは難しい。だから無意識でないと、ここに来ることは難しいんだ。次元の膜を越えられないからね。

ケン：すごくよくわかるよ。次元の膜を超えるとき、意識が激しく振動するんだ。あの瞬間に、意識が飛びそうになる。気を失ったように、一瞬で意識がストンと落ちる感覚があるんだ。それが人間の意識を、その意識領域の中だけに閉ざしているのだろうけど。

ボブ：ふふふふ。ケンはこの一年で、ずいぶん成長したね。

ケン：あのとき、グアムで応えてくれたのは、ボブ、やっぱりあなただったんでしょう？あのときもなんとなく、瞬間的にそう思った。こんなことするのは、もしかしてボブだろうなと。そしてそれから、自分探しの旅、第二章が始まって。

ボブ：面白かったろう？

と、愉快そうに笑う。

ケン：すごく面白かったよ。いつもあなたの存在を陰に感じながら、その流れに身を委ねることに、最近はまったく抵抗がなくなってきて。でも、いつだって決定権があるのは自分自身で。この一～二年で、なんとなぁくわかった感覚だね。ハイアーセルフと決めた道があるのと、思考が判断してしまう道があるのと。今は迷わず、どっちに行けばいいのか、わかるよ。

ボブがフォーカス35と名付けた意識領域を、彼等（ハイアーセルフ・自分たちの未来生、宇宙人・すべて同一の存在）は、ＪＥＬＬＹ ＢＡＮＤ（ジェリーバンド）と呼んでいる。今私たちが存在している意識領域が、私たちが認識できている、物質的な現実世界である。そして、人間が死後に訪れる世界として、非物質的なもう一つの現実世界がある。

ここまでが人間の意識領域である。

この人間の意識領域をスッポリと包んでいる、巨大な膜がある。それがＪＥＬＬＹ ＢＡＮＤ。彼等は、まさに『ＪＥＬＬＹが一番近い感触だから』、そう呼んでいるらしい。（この情報をもたらしてくれたのは、サーシャだ。サーシャはリサの知識の中から最も近い感覚を引用して、表現している。サーシャ＝リサは、ＪＥＬＬＹが一番近い感触だから、そのメタファー（比喩的表現）を使ったのだ。日本でラバーと表現される素材を、アメリカではＪＥＬＬＹと呼んでいる。日本人の感覚としては、ゼラチン状の感触が近いのかもしれない。だからもしも日本人が名前をつけていたら、ラバーバンドやゼラチンバンドになって

いたかもしれない。ＪＥＬＬＹ　ＢＡＮＤで良かったと思う）

その様は、まるで地球全体を包み込んでいるエネルギーフィールドに見える。こう表現すると、勘違いされてしまうかもしれないが、これは物理的次元の話ではない。

ボブは、このエネルギーフィールドから下の人間の意識領域を、ヒューマン・バンド・ノイズと表現していた。人間の発する感情や思念は、まるで無線のように飛び交ってしまうのだ。無線ＬＡＮのように、中継局も必要ない。どこからでも、どこまででも、飛んで行ってしまうのだ。もしかすると、宇宙の果てまで、欲にまみれた人間の思念や感情が飛んで行ってしまうと、この天の川銀河系の住民たちは大迷惑なので、ＪＥＬＬＹ　ＢＡＮＤを作って閉じ込めているのかもしれない。エゴなんて飛ばされたら、たまったもんじゃない。

おそらく、切り離された意識、個人としての閉ざされた意識領域で学ぶことが必要だったから、この環境が作られているのだろう。この独特の環境でしか経験することのできない、「感情」を体験するために。

しかし、この環境の中では、いくらガイドやヘルパーがサポートをしても、それに気づくことはなく、地球へと転生していった本来の目的も果たせないまま、いや、果たせない以前に目的も思い出せないいまま、その生を終えてしまう人が、ほとんどなのではないだろうか？

エクササイズのガイダンスは、全然聞いていなかったのだが、確かビッグイベントについて質問をするように言われていたことを思い出して、なんとなく聞いてみる。

ケン：確かビッグイベントについて、質問するんだけど……。

なんとはなしに、どうでもよいというか、あまり興味がない雰囲気丸出して聞いてしまったと自分でも思った。今更それを聞くか？という、冷めた反応が感じられる。何か場違いな質問をしてしまったようで、少し気まずい。

ボブ：アースチェンジズもビッグイベントも、もう自分なりに答えをみつけたろう。

ケン：あ、なんか証拠を貰ってくださいって言っていますけど……。

自分の中に、少し気まずさが残っていて、ちょっとぎこちなくなってしまった。実際、この質問もどうでもよかった。

ボブ：そんなもの、もう必要ないだろう。

かなり面倒くさそうに、手で追い払うような仕草をしたように感じた。

ボブ：そんなことより、もっとやることがたくさんあるんだ。

残念ながら、エクササイズ終了の時間になってしまったので、ここで終了。

エクササイズが終わってすぐに、まだメモも取っていないが、とりあえず今の出来事を頭の中で整理しながら、トイレに行った。

（いやぁ、あのギャザリングプレイスは、最高に面白かったなぁ）

用をたしながら、一人ニヤニヤとさっきの出来事を思い出していた。

部屋に戻ると、席に座る前にブルースに呼びとめられた。

「ケン」と呼び、こっちに来るように、指で手招きをしてきた。

ブルース：ケン。私はさっき、とても久しぶりにボブに会いました。最近は見かけていなかったので、数年振りかもしれない。そのボブはもう、人間の姿はしていなくて、光の存在のようであり、輝いていて、その姿を認識することはできなかったが、それがボブであることはわかりました。ボブは「ケンと二人でやることがあるんだ。ちょっとケンを連れて行くよ」と、二人でどこかに行ってしまいました。始まってすぐに、本当にすぐに、どこかに行ってしまいました。具体的にどこで何をしていたのかはわかりませんが、次にケンを見かけたときには、（おぉう！　わぁおう！）という、その表情はとても驚きに満ちたものでした。ケンがどこで何をしていたのか、覚えていなくてもかまいません。ただ私は、そのことを伝える必要があると思いました。

ブルースの話を聞いても、今更驚く自分はもういない。何も動揺もしないし、（ああ、そのことね）と、心の中で思う程度だった。その内容について、二回話すのは面倒だと思ったので、このグループシェアの時間に、自分の順番が来たら、ブルースも交えて話そうと思った。なので、それとは別に、グループシェアでは話すことのない、ブルースが気にしていたボブのことについて、少し話をした。

ケン：ボブは数年前から、その存在が透明人間みたいになってしまった。そこにボブの存在がいることは認識できるが、姿は見えない。でも、その存在がボブであることはわかります。ニヤけているのか、笑っているのか、表情もわかります。楽しんでいるのか、感情もわかります。ただ姿が見えないだけで、何も変わってはいません。

ブルースは、大きく頷く。

ブルース：ボブは、私とケンが出会うのを待っていたみたいだった。あえて私に、何かを気づかせようとしていた感じがしました。ボブとケンとの間にある、何かとても深い関係性、その繋がりを感じます。あなたは何らかの約束を得ている人なんだと思います。

グループシェアの時間になり、自分が先ほど体験したことを、ブルースも交えてシェアした。

このエクササイズ中に、ボブとギャザリングプレイスについて、その場所の会話をした記憶は残っていないのだが、エクササイズが終わったときには、ギャザリングプレイスがどこにあるのかも、はっきりとイメージできた。

それは人間の意識領域と、ギャザリングスペース（＝JELLY BAND）との境目。従って、次元の膜を通らずにギャザリングスペースに入れるので、記憶が途切れることなく、そこに行ったことを認識していられる。

これは宇宙人的な視点では思いつかない、人間を経験したボブならではの発想だろう。

いや考えたなぁ（面白いもんつくったなぁ）と、感心しきり。


このエクササイズの記録を読んで、おそらく大多数の人の好奇心を刺激したのは、ギャザリングプレイスに集まっていた、宇宙人の存在だろう。彼らは、いったいどんな容姿をしていたのか？　おそらく、そこが一番関心の高いテーマなのではないだろうか？と思う。

これについては、今後もどこにも書くこともないし、誰かに具体的な話をするつもりもない。決して私が見たものが正しいわけでもなく、読んだ人に不要な先入観を与えてしまい、今後の探索に向かう人たちにとって、影響が大き過ぎると思ったからだ。

しかし、そうは言ってもこの場面は、おそらく人生で一番興奮した出来事であり、本当は話したくて、話したくて、とってもウズウズしているのだ。なので、本当に少しだけ、彼らの容姿について、触れてみる。

自分の一番近くにいた存在が、最も印象に残っているが、うーん、むふふふふ……。

まず一目見て、人間に比べて、とても身長が高い、というよりも、非常に長っ細い生き物という感じだった。もちろん、手足もあるし、指もある。そして、その手の長さが、また印象的。顔も細長い。体形というか、全体的なイメージが、子供の頃に見たアニメで、「バーバパパ」というのがあったが、あれに近いイメージを抱いた。バーバパパは太っちょなフォルムだったけど、それをシュッと細長くした感じ。触ってはいないからわからないが、触ると（ぷにーん）としてそうな、そんな印象を抱いた。

それと、原型（人間の場合は猿）はともかく、基本的には皆、ヒューマノイド（人間型）だった。

アースチェンジズと、ビッグイベントについて。

今現在の自分の認識は、

天の川銀河の様々な星系から、地球へと転生していったスピリットたち。

完璧に機能しているアースライフシステムの中に閉じ込められたスピリットたち。

何千年、何万年もの間、ＪＥＬＬＹ　ＢＡＮＤの内側で、ひたすら転生を繰り返し、高次の存在を思い出せずに、人間中毒になってしまった多くの存在たち。

２０１２年に、地球を取り囲むエネルギーが転換期に突入し、分離の時代が終わりを迎え、統合の時代が幕を開けた。

天の川銀河に属する太陽系が、1万3000年周期で繰り返されてきた、分離と統合の時代。地球は、今まさに、その転換期に突入したのだ。これから千年の間に、人類意識が再び高次の存在との繋がりを取り戻し、皆、高次の自分たちへと帰って行く。何千年も待った者もいれば、何万年も待ちわびた存在もいる。今か、今かと、その瞬間を、喜々として待ちわびているのだ。

ビッグイベントとは、つまり、アースライフシステムに閉じこめられ、輪廻転生を繰り返してきた多くのスピリットたちが、ついにここを出て行くときを迎えた、このタイミングのことを指しているのだと思う。人間としてのエゴを捨て、自らの意志で旅立つ日が来たのだ。それを可能としてくれたのが、アースチェンジズ（天の川銀河における太陽系の位置関係で、地球を取り囲む、宇宙のエネルギーの転換期が訪れたことにより、人類の意識が、統合意識へと変容していくこと）という一大イベントであった。

2008年に見たヴィジョンは、当時はまったく理解できなかった。それでも、それを見たままに描写したつもりではいる。あれから八年の間に得た知識と経験により、当時見たヴィジョンについて、ようやく理解できるようになった。

ビームのように地球に降り注ぐエネルギーは、銀河系よりも大きな意志を持つ愛のエネルギーであり、人類の意識を、愛のエネルギーで癒してくれる。これから地球は、統合のエネルギーに満たされ、人類の意識も変容していくのだ。

アセンション、シフト、ビッグプラン、ビッグイベント、アースチェンジズ。断片的に手に入れた情報を元に、様々な呼び名で言われてきた2012年のマヤのカレンダーの終焉は、一つの時代の終わりと、一つの時代の始まりという転換期であり、天の川銀河の一大イベントのことだったのだ。

私たちの分離の時代の前に存在していたアトランティスの時代は、統合の時代であった。その時代に深く関与していた高次の存在たちは、銀河系の知識を伝え、このサイクルを伝えるべく、カレンダーに刻んだのだ。しかし、それを理解できるものは途絶えてしまった。意識が閉ざされてしまい、高次の存在たちとの繋がりが途絶えてしまったように、伝承されるべく知識もまた、絶えてしまったのだ。

アースチェンジズという、宇宙レベルでのエネルギーの転換期を迎えたのに、ではなぜ分離のプロセスが顕在化してくるのか?と、疑問を抱く人もいると思う。

分離の意識は二極化を生み出し、人間に葛藤をもたらした。人間は多くのエゴを抱えている、エゴの塊だ。

地球を取り巻くエネルギーが転換したからといって、いきなり明日からすべてが変わるわけではない。エネルギーはある日突然変わるわけではなく、これから1000年くらいの間は、混ざり合う期間が続くのだ。

特に、分離の意識の中で私利私欲に溺れてしまった人や、二極化の中で葛藤を抱えてしまった人たちは、それらを手放すまで、統合の意識へと向かうことが難しい。だから国家レベルでの出来事が顕在化することによって、多くの人たちに気づきをもたらす手助けとなるはずだ。あえて一方的な自己主張を体験し、二極化の痛みを知ることで、葛藤を手放せるようになるのではないか？とも思う。

いずれにしろ今は、集合意識として選択した変革の波であり、大きな転換点の真っ只中である。

10. 最後のエクササイズ

私にとって、ブルース・モーエンのワークショップで学ぶ、最後のエクササイズのときを迎えた。

最後のエクササイズのテーマは、「私たちは、本当は何者なのか？」

このテーマについても、もう既に、自分なりの答えに辿り着くことができた。そして何よりも、過去の経験から学んでいるので、エクササイズのテーマが何であろうと、この後どんな展開が待ち受けているのか、大方の予想はついていた。

このエクササイズが始まる前に、全員で、ある動作の練習をした。それは、ミーティングプレイスの水晶を取り囲んで行う、ブルース・モーエンのワークショップ名物である、「うーーー、あーーー」と言う、全員のエネルギーの調整・調合を目的とした恒例行事である。

今回は、参加人数に対してキャパの小さい部屋だったので、廊下の突き当りにある、トイレの前のホールで、それは行われた。このフロアにいくつかある他の部屋も、すべて何かしらの研修が行われていたから、声を出さずに、動きについてのみ、練習をすることになった。

ブルースの「ビギン」という掛け声に合わせて、ゆっくりと動き始めるのだが、ここまで毎回不揃いのため、最後にもう一度、皆で練習をしましょうと、提案された。ブルース以外は誰も声を出さず、心の中で「うーーー、あーーー」と言いながら、丸く輪になって手を繋ぎ、不思議な儀式のポーズが揃うように練習をする。

ブルースは、「太極拳の動きのように、非常にゆっくりとした動作で動き始めてください」と、そのコツを伝える。数回の練習を経て、「最後にもう一度だけやりましょう」と、ブルースが言った。

そしてその最後の一回のとき、ブルースは誰に遠慮することもなく、「うーーーーー、あーーーーー」と、徐々に声を張り上げ、気持ち良く雄叫びをあげた。ホールに響き渡るその音色は、ハートにも響き渡った。とても心地良く振動して、感動的でもあった。

これに関しては、ブルースは確信犯だと思った。(あ、ごめん。うっかり声が出ちゃった)的な、とぼけた顔をしているが、きっと最後の一回は、声に出すつもりだったのだろう。憎むことができない、茶目っ気たっぷりなご老体である。

エクササイズが始まり、ミーティングプレイスにある水晶を全員で取り囲み、いざ本番を迎えた。先ほどの練習の成果を、見せるときが来たのだ。

自分はその様子を、上空の位置から眺めていた。誰かが近くにいることを感じて、ふと隣を見ると、ブルースもその様子を、同じように上から眺めていた。

じっとブルースの横顔を見つめるが、ブルースは熱心に観察している様子で、こちらには気がつかないようだった。

するとそのとき、不意にボブが話しかけてきた。

ボブ：ブルースは、とてもよくやってくれた。

ボブが隣にいるのがわかったが、いつもとは少し様子が違う。ボブ特有の、ハッピーバイブレーションが、感じられないのだ。

ボブ：本当に、よくやってくれた。でも、残念ながら、彼のボディも、いつまでも続くわけではない。『教える』という立場としては、体力は、もう限界にきている。肉体もそうだけど、思っている以上に、脳も活性化していない。

ボブはとても静かな口調で、ゆっくりと話し続ける。

今年、このワークショップに参加した最大の理由も、自分でもそれを感じ取ったからだ。いや、それこそが、唯一の参加理由であったと思う。最後にもう一度、もう一度だけ、ブルースと共有した時間を過ごしたいと。

だから自分でもわかっているはずなのだが、それでもやはり、ボブの言葉には、胸が締めつけられるような、切なさを感じた。

ボブ：あのとき、言っただろ。次は49歳だって。

今度は、少し愉快そうに、笑いながら言う。これはいつもの、ボブのバイブレーションだった。

ボブ：ブルースがケンに繋いでくれる。ケンに繋ぐためのサポートをしてくれるよ。

ボブが何を言っているのか、今の自分には理解できる。私たちは、継続して事を成すために、時間と場所を選んで、ここ（地球）に来たのだ。事象はずっと繋がって、続いている。

ボブ：再びここに辿り着いたように、何も心配することはないよ。メッセージを思い出してごらん。

ボブが言っているメッセージとは、リサ・ロイヤル・ホルトのチャネリングコースで、自動書記のエクササイズをしたときに受け取ったメッセージ（4ページ参照）だと、すぐにピンときた。あれを受け取ったときも、それを強く感じていたから。それは四行のメッセージだったのだが、今は最後の一行しか思い出せなかった。

それは、【サポートに必要な、すべての準備は整っています】というものだった。

その言葉を思い出し、ボブの方を見ると、両手を広げて（いるように感じる）、

ボブ：おめでとう。ついにここまで来たね。

ケン：あなたがそう仕向けたのでしょう。

ボブ：ははは……。

と、楽しそうに笑う。

ボブ：すべては自分で決めてきたことだろう？　誰も、何一つ強制はしていない。

ケン：まあね。自分でもそれも感じながら、でもどっちに行けばよいのか？　常に導いてくれているとも、感じていた。

ボブ：これからの20年は任せたよ。

ケン：20年？

ボブ：ああ。そのために20年空けて入って行ったんだろう。これからが一番面白くて、楽しいとこだろ。あと20年、頼んだよ。

ボブは楽しそうに、ニヤついている。

ボブ：今年で最後のチャンスだった。だから、それに合わせて呼んだんだ。私たちは、タイミングを見計らって、事を成すのは得意だろう。

愉快そうに笑う。こういう話をしているときのボブは、本当に楽しそうだ。

ボブ：何も心配はいらないよ。とにかく楽しみにしていてくれ。楽しむことが、一番大切！

八年前のあのときと違って、この会話を疑う自分もいなければ、まったく抵抗を感じる自分もいない。逆にその言葉に納得し、それをすべきなのだと、自分の意志でそう思えるようになった自分がいた。

最後のエクササイズ。とうとうそれも、ついに終わりの時間を迎えた。終了と同時に、「ケン」と、ブルースに呼ばれた。

ブルース：もしもまだ、人に教えるということに、関心を持ってもらえるなら、今日の夜、少し時間を取ってもらえますか？

そう話すブルースのその表情は、何か少し、いつもと違って見えた。

ブルース：ボブとケンとの間にある、とても深い関係性を感じます。ボブは私に何か、気づかせようとしているようだった。ボブは、私とケンがこうして出会うことを、待っているようだった。やはりあなたは、間違いなく、何らかの約束を得ている人です。私に何ができるのか、考えましょう。

とても慎重に言葉を選びながら、まるで何か考え事をしながら話しているかのような、ブルースのその表情は、珍しく戸惑いのような陰を感じた。

このエクササイズのときに、ボブは、

「とてもたくさん伝えることがあるから」と、「こうして話そう」と、ボブと私が共に三人に分身をし、各々違う情報を得ていた。

まず一つ目のテーマは、

「これからすべきこと」

そしてもう一つのテーマは、

「新しいワークショップ」


私は前著を記すとき、ある言葉を記載することに、とても抵抗を覚え、躊躇した。それは計画センターを訪れたときに、ヘルパーに言われたこの言葉だ。

「きみもブルースと同じ救出者タイプとして、今ここ（このタイミングで地球に）にいるんじゃないか」

これを書いてしまうことに、かなり抵抗があった。それは、自分自身に対する抵抗だけではなく、これを読んだ人は、果たしてどう思うだろうか？という懸念も抱いてしまったからだ。それはまるで、「自分は救世主だ」と、アピールしているように受け取られかねないという、救出者タイプという言葉を、そのようにとらえられるかもしれないということに、懸念を抱いたからだ。

そして自分自身も、救出者タイプという役割を選んで来たということを、素直に受け取れなかった。果たしてそれが、自分でよいのだろうか？という思いを抱いてしまった。日本人特有の消極性であったかもしれない。しかし、あれからさらに経験を重ねることによって、今の自分にそのような気持ちはなくなった。地球に来る前に計画していた約束を、今果たすべきときを迎えたのだと、あれほど嫌がっていた使命感も、今は抵抗なく受け入れている。

繰り返し受け取ったメッセージ、「約束を思い出して欲しい」と、それに対する葛藤を乗り越え、脱皮した自分がいる。

絶えず私の好奇心をくすぐりながら、根気強く導いてくれたボブ。そのボブとの関係性も、今は受け入れられるようになっている。そこには、自分でよいのだろうか？と、戸惑う自分はもういない。

「これからすべきこと」について。

まず、多くの人たちにシェアをする手段として、私もこれに喜んで取り組むのだが、「ケン、もう一度本を書いてくれないか」と、ボブに頼まれた。そう、まさに今、あなたが読んでいるこの本だ。

前著を書いているときもそうであったが、既にこの本は向こう側に存在し、私はその情報をダウンロードしているだけではないか?と感じられる程に、何の苦も無く書いている。書くのが間に合わなくなるくらいに、浮かんでくる文章が止まらないのだ。ひどいときには、一度に複数のテーマを紐解いてしまい、このテーマはこっち、そのテーマはそっちと、整理する作業をしながら書き進めていた。

このときボブと交わした会話で、他にも印象的なことは、次のようなものだ。

・ブルースとの間で、まだやることがある。
・ブルースの家に、遊びに行くといい。
・そこで、この続きをしよう。
・そこで共同ミッションが待っている。楽しみにしていてくれ。
・それまでに、本を書けるところまで、書いておくといい。
・ブルースと二人でシェアした、「私たちの物語」について。

これも多くの人たちの好奇心を満たすテーマだから、これについても書くといい。

これらは三人に分裂した自分たちのうち、もう一人の自分と、もう一人のボブとの間で交わした会話を、箇条書きで記したものだが、詳細については、割愛させていただいた。

さらに、分裂したうちの三人目の私たちの会話は（お互いに三人に分裂して、同時進行で会話をしている）、「新しいワークショップ」についてが、テーマだった。

これについては、ボブがその著書において、ロート（情報の塊）と記したものを、大量に受け取った感じだ。

ワークショップのテーマ。

何を目的として、何をすべきか。

それらについての情報が、たくさん用意されていた。

私の場合、それはロートと呼ぶより、巻物という解釈が、一番しっくりくる。一つの情報が一つの巻物であり、それを紐解いていくイメージだ。

八年振りに本として書きたい衝動と、新しいワークショップについて具体的に考えたいのと、フロリダに行くまでに準備すべきことと、とにかく、このとき程時間が足りないと感じたことがないくらい、それらを一つ一つ処理していくのが大変だった。マジで三人の自分がいたら楽なのに……と、考えたものだ。

ワークショップから帰って来て、ずっと更新が止まらない感覚が、しばらく続いていた。いつまでもアップデートが止まらないのだ。それに、大量のデータをダウンロードしている感覚も、同時にずっと続いていた。日常生活において、普段は絶対に認識することがない脳の奥の方で、その活動が半端なく活性化されていくのを、感じ続けているのだ。松果体から延髄辺りにかけて、何をしているときでも、止まることのない違和感。それと、後頭部の少し後ろ辺り、肉体からは少しずれているのだが、そこでも誰かに何かをされているような違和感が続いているのを、認識している。

これらはすべてエネルギーワークであることを経験から知っているので、一切抵抗することなく、ただ身を任せて過ごしているのだが、これほどまでに長く続いたことは、未だかつてなかった。

過去最大級の変容が、起きているのだろうと思う。

「新しいワークショップ」について、少しそのことに意識をフォーカスしたとき、思いがけず、自分がワークショップをしているときの光景を、見てしまった。見てしまったというよりも、見せられたのだろうと思う。ボブから受け取った、巻物の一つを。

その場面は、リサのチャネリングコースに使用した部屋、見覚えのある部屋だった。そこにたくさんの参加者がいた。そのほとんどが、これまでに出会ったことがある、見覚えのある顔だった。

そしてもっと驚いたのは、そこにいる参加者全員のハイアーセルフが、そのワークショップに一緒に参加していたことだ。この物理的次元の現実世界と、高次の存在の意識領域である現実世界とを、同時に認識しているのだ。二つの次元を、一つの場面として見ている。これには興奮し、感動し、絶句し、鳥肌が立った。

ボブが、「とにかく楽しみにしていてくれ」と言っていたのは、こういうことだったのか！と感じた、衝撃的な場面だった。

高次の存在たちからは、まるでパーティーが始まるのを待っているかのような高揚感が伝わってきて、ある意味、人間の参加者たちよりも、まさにそのときを待ちわびているのがわかる。

この新しいワークショップは、高次の存在たちと一緒に、ワクワクのエネルギーで作られているのだ。そのエネルギーに引き寄せられ、たくさんのギャラリーも集まってくる。その様子を見ながら、そのエネルギーに触れることで、自分も楽しみで待ちきれない気持ちになってきた。

実はこのワークショップの場面を一目見て、36名だと思った。もちろん数えたわけではないし、何の根拠もないのだが、漠然とそう思ったのだ。ワークショップの直前まで、増えたり減ったりしながらも、最終的にはやっぱり36名になった。だから用意する物も、初めから36名分で準備していたから、この結果には（あ、やっぱり！）という思いしかなかったが、人数の推移は、見ていて面白かった。

クリスマスにフロリダに行ったとき、このワークショップで予定しているエクササイズの趣旨と意図について、ブルースに説明をした。

エクササイズの内容が、すべてゲーム仕立てであることについて、「プレッシャーを感じることなく、何より楽しみながら、それに気づいてもらうことができる天才的な発想で、非常に面白い」と、喜んでくれた。

ブルースの友人で、サイキック能力の気づき方について、教えることを職業としているキャロルさんと、視点が似ていると笑っていた。この前日に、キャロルさんとディナーを共にしたのだが、確かに共通点の多い人だと、話していて感じるものがあった。

ボブからワークショップの場面を見せられ、自分でもどうしてもそれをやってみたくなったという話をすると、ブルースが見た面白いエピソードを教えてくれた。

ブルースのワークショップで、参加者の身体に、上から金色のロープのようなものが下りてきて、そのロープ伝いにヘルパーが下りてきて、参加者の身体の中に入っていったそうだ。私の話を聞いて、そのことを思い出したと言っていた。そして、そのロープとは、きっとハイアーセルフに繫がっているに違いないと、私と話しているときに、不意にそう思ったそうだ。そのときは考えもしなかったけど、たぶんそうなのだろうと。

このワークショップはデモンストレーションヴァージョンとして、２０１６年2月11日と12日に行ったのだが、自分でワークショップをやってみて、初めてわかったことがあった。

ワークショップとは、私が何かをするのではなく、すべてが参加者とハイアーセルフとの共同作業なのだ。私はその場を提供し、ほんの少しサポートをしてあげるだけなのだ。最初から、すべてのエクササイズを共同作業でやっており、その感覚が信頼に至るように、気づきやきっかけになるヒントを用意するだけだった。

ワークショップを終えて

DEAR　リサ

自分で初めてワークショップをやってみて、わかったことがあります。

ワークショップとは、参加者とハイアーセルフの共同作業で、自分は、それにほんの少しお手伝いをするだけなんだと、気がつきました。

その場を提供し、少しだけ、ヒントやキッカケをもたらすだけでした。

非物質的な意識領域の探索では、ほとんどの人が、「一番楽しかった」という感想で、自分で体験することの面白さ、大切さを、あらためて実感しました。

私がやりたかったのは、「愛のエネルギー」を感じることを、メインとしたワークショップでした。

私は今回、それをやってみて、魂からの喜びを感じました。

あなたのところで学んだ1年間は、自分を信頼するために、かけがえのない時間となりました。

私に大きな変容をもたらしてくれた、リサとサーシャに、心から感謝しています。

ケンさん！

あなたが学んだレッスンは、一番大事なレッスンなのです。

先生としての我々は、ただのヘルパーなのです。

みゆきさんから話を聞いたのですが、あなたのワークショップが、どんなに素晴らしかったか、聞きました。

ケン

みゆきさんが、ハートのブレイクスルーをしたことも。

それを知って、私のハートはとってもハッピーだし、あなたがこんなにも急成長して、あなたの光と愛を、みんなと分かち合っていることが嬉しいです。

コースであなたに教えたことを、光栄に思います。

あなたを、とっても誇りに思っていますよ。

あなたの偉大な取り組みを、継続することを確信しています！

リサ・ロイヤル・ホルト

ケンの初めてのワークショップの様子を見て、本当にあなたがやっていることに、すごく感銘を受けました。

70億以上の人がいるこの惑星で、私たちはお互いの言語すら話せない中、よくぞお互いの導きに従って、お互いを見出しましたよね。

そのことに、畏敬の念を感じます。

ケンの歩む道のほんの一部分でも、自分がかかわれることが、とても誇りに思っています。

この試練に満ちた覚醒の時代に、仲間である人類の兄弟のために、素晴らしい取り組みをしていますね。

すべてがうまくいくように、願っています。

再会の日を楽しみに、ワクワクと喜びでいっぱいです。

愛を込めて

ブルース

11．ブルース・モーエン　回想2

２０１６年の８月に、８年振りに参加した、「ブルース・モーエン　ワークショップ」。実は、２０１５年も参加しようかと最後まで悩んだのだが、そのときはまだ、自分の気持ちの問題で、最終的に見送ってしまった。

このワークショップ開催の二週間前に、何の話をしていたときだか忘れてしまったが、

「父さん、もう一度ブルースのところに行けばいいのに」

と、春風に言われたのが、急に参加を思い立った決定的な一言だった。

（そうか！　俺は何を気にして、必要のない考えに囚われていたのか。ただ単に、感じる

ままに、ワークショップに参加するだけでいいんだ。こんなにシンプルなことに、どうして気がつかなかったんだろう）

そう思ったときに、すべてを忘れて、とても清々しい気持ちになった。

２００８年の夏に、感じたことがある。ブルースが日本に来日できるのは、あと7年か8年だと。その当時はまだまだ元気だったけど、そういう印象を抱いた。

だから、あれから八年目になる今年（２０１６年）、来日してくれるかどうか、とっても不安だった。春風に言われた一言が頭を離れず、今年を逃したら、もう次はないだろうという想いと、この数年間で自分なりに辿り着いた、ある一つの答えについて、どうしてもシェアしたいと思い、直前になって参加を決めた。

「ケン、どうかもう一度だけ、ブルースと会って欲しい」と、そう願うボブの強い勧めも、もちろんあったのだが、自分でもそれを感じていたので、少し感傷的な想いも胸に秘め、再会の日を待ち望んだ。

ブルースとは２０１０年に、非常に短い時間ではあったが、横浜で食事を共にしているので、正確には六年振りの再会になる。

ワークショップで久々の再会を果たしたその日の朝、ブルースと目が合うと、「Ｏｈ！ Ｋｅｎ．Ｇｏｏｄ！」と、親指を立てて、力強くこちらを見つめてきた。それに対し、にっこり笑って軽く会釈を返したが、内心涙が出そうなくらい、なぜだか切なく思えた。

ブルースのことは、今がどういう状況にあるのか、だいたいわかってはいたつもりであったが、いざこうしてブルースを目の当たりにすると、やはり切なくなる。今年で最後……そう思わざるを得ない程、体力的には衰えが激しかったし、そんな想いが頭を離れないので、その一挙手一投足が、見ていて切なかった。

最初の休憩時間に、ブルースの元に歩み寄り、六年振りのハグをした。

ケン：ぜひあなたとシェアしたい話があって、もう一度あなたに会いに来ました。ランチタイムか、ディナーまでの間にでも、そのような時間を作ってもらうことは可能でしょうか？

ブルース：ファーロンと私は、あなたのことを、ずっと気にしていました。あなたの人生に何が起きているのか、私も非常に興味があります。ぜひ、聞かせてもらえますか。

この日の夕方、30分だけ時間をもらえたので、話したいことは山ほどあったのだが、とにかくかいつまんで、要点だけを話すよう心掛けた。

ブルースも「私はケンの話を聞くだけにします。どうぞあなたの人生に何が起きているのか、私たちにシェアしてください」と、聞き役に徹してくれた。

要約すると、こんな感じの話をした。

ブルースのワークショップに参加して以降、特に何もしてこなかったのだが、2012年にグアムで、自分たちの本体とのコンタクト体験をしたこと。その存在に導かれるように、リサ・ロイヤル・ホルトのチャネリングコースに行ったこと。そこで得た知識によって、以前は理解できなかったヴィジョンが、解釈できるようになったこと。チャネリングコースで、とても大きな変容があったこと。富士山で、アーコンと呼ばれる集合意識と、コンタクト体験をしたこと。集合意識の中では、すべての存在を自分自身であると認識してしまい、あらゆる場所に自分が存在している「スーパーポジション」という状態を体験したこと。その後にもまた、大きな変容を経験したこと。

新しく得た知識によって、ようやく自分を理解できるようになったこと。自分探しの旅の答えは、「私たちの物語」に辿り着いたこと。違うアプローチで歩んで来たのだが、結局、ボブとブルースに辿り着いてしまうこと。

わずか30分の間に、少し欲張り過ぎて多くのことを伝えようとしてしまったので、どれもこれも詳細には話せず、要点だけしか伝えられなかった。

「私たちの物語」について話をしているとき、やはりボブが現れ「私はここにいるよー」と、ブルースに話しかけてきた。

ブルース：今ケンがその話をしているときに、ボブが現れましたね。その話が真実であることを語っています。とても興味深い話ですね。

ケン：もう少し時間があれば、もっと詳しい話がしたいのですが、残念ながら時間になってしまいましたね。

とても短い時間ではあったが、駆け足で要点だけは伝えることができた。私との話を終えたときのブルースは、話をする前よりも、エネルギッシュになったように思えた。気のせいとかではなく、何かあきらかにパワーが違うと感じた。

「私たちの物語」については、一つの章として書き上げたので、詳しくはそちらを読んでいただきたい。非常に興味深い、自分にとっては感動的なストーリーだった。ある目的のために共に地球に訪れたメンバーと、ボブとは非物質的に、ブルースとは物質的に、こうして巡り会うことができて、それを確かめることができるなんて、奇跡的な体験であるとしか思えなかった。

さすがに連日は迷惑だろうと思い、二日目は遠慮したのだが、私も、そしてブルースも、お互いにもっと話がしたいという思いは、感じ合えた。なので、

「私は週末のコースにも参加します。あと三日、ここに来ます。その間にもう一度だけ、お話の続きをすることは、可能でしょうか？」

と、ブルースに尋ねた。

ブルースは、「もちろん。私もまだまだケンとの会話を楽しみたいし、そうすべきだと感じています」と、快く応じてくれ、「週末に再会したときには、必ずもう一度、時間を作り

ます」と言ってくれた。

そして迎えた土曜日のこと。ブルースは、ディナーに誘ってくれた。夕食を食べながらであれば、もう少し長めに時間の融通が利くだろうと、配慮して誘ってくれたのだ。その心遣いに、心から感謝した。

前回、「私たちの物語」について、駆け足で要点だけを話したのだが、次元も時間も超越した、非常に理解しづらい要素が多々あるので、簡単な模式図を作って、もう少し詳しく説明することにした。まさに時空を超えた物語なので、ちゃんと伝えるには、それを見ながらゆっくりと話しをした方が、伝わるだろうと思ったからだ。

「私たちの物語」については、ここでは詳述することを省くが、その一連の話として、「アースチェンジズ」もまた、「私たちの物語」の大きな要素の一つであるので、それについても、簡単なイラストを描いて話し合った。これについてはこちらで説明するより早く、その絵を見るなり、ブルースは咄嗟にすべてを理解したようだった。

ケン：これは天の川銀河です。

ブルース：私たちの太陽系がここですね。

ケン：そうです。天の川銀河のこの辺りですね。そしてこれが、天の川銀河を上から見たところ。宇宙なので、実際には上も下もありませんが、位置関係を示すものです。

太陽系が天の川銀河を一周するのに、およそ2万6000年を要します。この2万6000年という数字の概念は、サーシャからもたらされた情報になります。

そして1万3000年毎に、この銀河系内ではエネルギーシフトが起こります。現代の文明は、1万2000年前から、分離のエネルギーの時代を過ごして来ました。そして西暦にすると、2012年に、このエネルギーシフトの分岐点に突入したのです。1万2000年過ごした現代文明の時代は、これから統合のエネルギーへとシフトして行くのです。私たちの前の時代にこの統合のエネルギーで築かれた文明が、アトランティスの時代ですね。しかし、1万2000年前に、アトランティスの時代は終焉を迎えました。文明が途絶えるほどの災害に見舞われたのですね。残されたごくわずかな人々には、その知恵が継承されることはありませんでした。

２０１２年にエネルギーのシフトが起こっても、ある日突然すべてが変わるわけではなく、それはとても緩やかなスピードで変容していくのですね。おそらく今から１０００年くらいかけて、それが成されていきます。今はまだ、二つのエネルギーが混ざり合った状態だと思いますが、初めの５００年くらいは、まだ分離のエネルギーが色濃く残り、それから５００年くらいかけて、完全に統合のエネルギーへとシフトしていくものと思っています。

ブルース：私たちは今、ここにいるのですね。そして人類の意識がシフトしていくことを手助けするために、ここを選んで来たのですね。

エネルギーシフトの分岐点を指差して、大きく頷きながら、銀河系のイラストを見つめる。さすがにすべてを話すまでもなく、かなりラフなイラストでも、瞬時に理解してくれた。

ケン：そうですね。地球を取り囲むエネルギーが変容するこのタイミングに合わせて、計画的に入って行ったんですね。この宇宙のエネルギーシフトを利用して、計画が成されてきたのです。これからですね。

ブルース：水面に投げ込まれた小石を想像してください。初めは小さな波紋が広がります。やがてその波紋は、大きなうねりへと変わっていくのです。そういうことが、これから起ころうとしているわけですね。

（あ、同じようなこと、本に書いたな。まるっきり似たような感性なんだな）と、思わずニヤっとして、嬉しくなる。

ケン：ボブとの約束、計画とは、ボブとブルースとケンと、たった三人で何かをしましょうという話ではなく、もっと大勢の人たちが関わってくる、大きな出来事なのだろうと思っています。

ブルース：ここにも一人、いますね。

ファーロンさんを横目に見て、頷きながら笑う。そしておもむろに通訳のマキさんを見て、「ここにも一人いました」と、また笑った。とても嬉しそうに話すブルースを見て、こちらもたまらなく嬉しくなる。

ブルース：地球にビームのようなエネルギーが降り注ぐのを見ました。

ケン：あ、私も見ました。当時はそれが何だか理解できませんでしたが、それは太陽系よりも外側、銀河系よりも外側から来ているエネルギーでした。

ブルース：そうですね。宇宙の深淵から注がれているエネルギーです。あれは愛のエネルギーです。

ケンと私は、同じものを見ているのですね。そのこともまた、非常に嬉しく思います。

ケン：私の方こそ嬉しいです。あの巨大なスケールのヴィジョンは、当時はまったく理解できなかったので、とにかく見たままを描写するようにしました。地球を取り巻くエネルギーが変わって、その後宇宙全体が、そのエネルギーに溶け込んだようなイメージでした。あれがエネルギーシフトの分岐点だったのですね。

ブルース：途方もないような話に聞こえますが、私たち二人が同じものを見ているので、こうして確認することができて、私にとっては十分な証拠になりました。

アースチェンジズのテーマで盛り上がった後に、集合意識のテーマになった。

ケン：私はエネルギーを感じるのが、得意な方だと思っています。

ブルース：ええ、よく知っていますよ。

ケン：アーコンという集合意識のエネルギーに触れた後、とても不思議な感覚が続きました。拡大した自分の意識の中を漂っている感じなのですが、それはすべて、宇宙のエネルギーで満たされているのです。自分の胸の真ん中、ハートのチャクラにぽっかりと穴が開いた感覚があるのですが、そこも自分を取り巻くエネルギーと同じ、宇宙のエネルギーで満たされているのです。そしてこの宇宙のエネルギーは、愛のエネルギーでした。

それから、「私たちの物語」について繰り返し、繰り返し考えていたとき、自分の本体である集合意識に、触れることができたという感覚がありました。そのとき感じた愛のエネルギーは、いつものようにハートのチャクラで感じるものではなく、全身の全細胞が振動するような衝撃的な体験で、涙が止まらなくなりました。あれは六次元の意識領域に存在する、自分の本体に触れることができた体験だと思っています。

ブルース：この存在（六次元の集合意識のイラストを指差して）よりも、もっと上の存在にも行ったことがあります。

ケン：私には、そこまで認識することは無理ですね。

ブルースとでなくては、シェアが成立しないようなテーマばかりで盛り上がったが、こういう時間が過ぎるのは、あっという間だ。

二人とも、まだまだ話は尽きず、全然時間が足りないので、「この話の続きはフロリダで」ということになった。

ケン：ではフロリダに遊びに行ったときに、「私たちの集合意識を訪ねる」共同探索をしてみますか。

ブルース：それは面白そうなテーマですね。

このとき、ボブが「ブルースとの間で、まだやることがある。ブルースの家に行くといい。そこでこの続きをしよう。そこで共同ミッションが待っている」と言ってきたのだが、そのことは、まだ言わないでおいた。

そして、最終日の夜のこと。

「もしもまだ、人に教えるということに、関心を持ってもらえるなら、今日の夜、少し時間をとってもらえますか？」と、言われた夜のこと。

ブルース：昔、横浜で一緒に食事をしたときも、このテーマで話をしていますね。あのときは、何かお互いの間に誤解があったと、後から聞きました。

ケン：あのとき、あなたは目に涙を浮かべながら、「いずれ自分はこの活動をできなくなる日が来るので、ケンに自分と同じようなことを続けて欲しい」と、言っていました。

郵便はがき

恐縮ですが切手をお貼りください

101-0051

東京都千代田区神田神保町3-2
高橋ビル2階

株式会社 ナチュラルスピリット

愛読者カード係 行

フリガナ お名前		性別 男・女
年齢	歳 ご職業	
ご住所	〒	
電話		
FAX		
E-mail		
お買上書店	都道府県　市区郡　書店	

ご愛読者カード

ご購読ありがとうございました。このカードは今後の参考にさせていただきたいと思いますので、アンケートにご記入のうえ、お送りくださいますようお願いいたします。

小社では、メールマガジン「ナチュラルスピリット通信」(無料)を発行しています。
ご登録は、小社ホームページよりお願いします。**http://www.naturalspirit.co.jp/**
最新の情報を配信しておりますので、ぜひご利用下さい。

●お買い上げいただいた本のタイトル

●この本をどこでお知りになりましたか。

1. 書店で見て
2. 知人の紹介
3. 新聞・雑誌広告で見て
4. DM
5. その他（　　　　　　　　　　　　　　　　）

●ご購読の動機

●この本をお読みになってのご感想をお聞かせください。

●今後どのような本の出版を希望されますか？

購入申込書

本と郵便振替用紙をお送りしますので到着しだいお振込みください（送料をご負担いただきます）

書　籍　名	冊数
	冊
	冊

●弊社からのDMを送らせていただく場合がありますがよろしいでしょうか？

□はい　　□いいえ

「ボブのやり方を自分がアレンジして、今のワークショップを作った。同じように、今度はケンが、自分のやり方をアレンジして、それをやって欲しい」と。「ケンはもう、人に教えるという段階にある」と言ってくれました。

ブルース：とてもよく覚えています。そして、今でもそれをして欲しいと思っています。

ケン：私はあのとき、あなたの言葉に感動し、一時はそれをすることを受け入れ、新しいワークショップについて、提案をしました。しかしあのとき話し合ったヴィジョンは、具体的になることはありませんでしたね。

ブルース：あのときは、何か「お互いの間に誤解があった」と聞いています。

そういえばあのとき、「帰国する前に、もう一度会って話がしたい」と、後日ブルースから連絡があったことを思い出した。でも結局あの日を最後に、ブルースとは音信不通になってしまっていたし、あの段階ではまだ何一つ確定した話でもなかったから、そのことについて、今ここで話をしても時間の無駄なので、これ以上その話題については触れなかった。この貴重な短い時間では、もっと他に話すべきことがたくさんあるのだ。

ケン：そう言えばあのときも、ボブが現れ、ブルースに「しゃべり過ぎだぞ。あまり時間がないんだ」って言っていましたね。

ブルース：ええ、そうですね。

と、照れ笑いを浮かべながら答える。

ブルース：ボブとケンとの間にある、とても深い関係性について、ずっと考えていました。ボブは、私に何かを気づかせようとしていたように感じるのです。あなたは間違いなく、何らかの約束を得ている人です。

この後、先ほどのエクササイズでのボブとの会話について、ブルースにすべてシェアした。少し伝えづらい話でもあるが、ボブは「ブルースは、とてもよくやってくれた。本当に、よくやってくれた。でも、残念ながら、彼のボディも、いつまでも続くわけではない。『教える』という立場としては、体力は、もう限界にきている。肉体もそうだけど、思っている以上に、脳も活性化していない」と言っていたことも、そのまま伝えた。

それに対しブルースは「長距離移動は、もはや現実的ではないし、一日を要す長時間のワークショップも限界にきていることを自覚している。薬の副作用のせいで、ボーっとしてしまう時間があることも」と、静かに頷きながら話してくれた。

また、その他のことについても意見を交わしたのだが、ボブからの情報について、お互いの認識は常に一致していた。

ケン：ところで、ボブとブルースの年齢差は、20年なのですか？

ブルース：いや、正確には知りませんが、おそらくボブは、もっと年上だったと思います。30年くらいは、上だったと思います。

ケン：では、ブルースと私の年齢差を言っていたのかな。

「事を成すために、20年のタイムラグを設けて、ここ（地球）に入って行った」と話していたので、てっきりボブとブルースのことかと思っていました。

ブルース：私は１９４８年生まれですよ。

ケン：ああ。じゃあやっぱり、私たちの年齢差のことですね。私は１９６８年なので、ちょうど20年です。ああ、なるほどね。

その20年の話題に絡めながら、「これからの20年は任せたよ。これからの20年が一番面白くて、楽しいとこだろ。頼んだよ」と、そんな言い方をしていましたね。

「私たちは、タイミングを見計らって、事を成すのは得意だろう」と、笑いながら。

これにはファーロンさんも、「あなたが一番楽しいところを持っていくのね、羨ましいわ」と、ブルース共々笑っていた。

ケン：ボブが言っていました。「何も心配はいらないよ。何の問題もない。とにかく楽しみにしていてくれ。楽しむことが一番大切」と。私もそう思っています。特に何も心配していないし、問題になることはないと思っています。ボブとの約束、計画で始めるのは、まったく新しいワークショップです。これについても、ボブがたくさんのアイディアを与えてくれました。変換が間に合わないほど。

ブルースが心配をしているのは、「ブルース・モーエン　ワークショップ」のトレーナー協会のこと。これについても、ブルースも私も、次のような共通認識を確認した。

トレーナー協会と対立する意図はないし、その活動も尊重するし、私はブルース・モーエン・メソッドではないので、そのような宣伝文句は、一切使用しないと。

この夜もたくさんのテーマで、短いながらも、とても有意義な時間を過ごすことができた。

ブルースの体力を考慮し、そろそろお別れをしようかと考えていた矢先、「ケン、もう一冊本を書くのかい？」と、不意に聞いてきた。

ケン：私はその話をしていませんが、どうしてそう思ったのですか？

ブルース：ケンに言われたんじゃなかったのか。何か急にそれが浮かんできたから。

ケン：それについては、「もう一度本を書いて欲しい」と、ボブに頼まれたばかりです。だから急にその話が出て、ちょっと今、驚きました。
これについては、少しあなたに、サポートをお願いしたいと思っています。
これについても、ボブが面白いアイディアを、与えてくれました。

ブルース：それは面白そうですね。楽しみにしています。

ケン：新しいワークショップについても、まだ先の話です。まずは先に、本を書いてくれって言っています。

ブルース：それも楽しみにしています。

最後に、ファーロンさんと、ブルースと、いつもより少し長めのハグをしたのだが、「やはりケンとの間に、とても深い繋がりを感じます」
これが、ブルースと日本で交わした、最後の言葉になった。
今度会うときは、フロリダだ。

ブルースが日本に滞在中の後日談として、

「ボブと、自分と、ケンとで、何か三角形を創っているイメージが浮かんできた」とブルースが言っていたと、通訳のマキさんから教えてもらった。

これについては、今の時点でも、それが何を意味しているのか、私にはわかる。きっとフロリダに行けば、その答えはハッキリするだろう。

ここまでの道のりと、フロリダでの共同ミッションまでが私の冒険の第二章ならば、そこから先の新しいワークショップの始動からは、第三章の始まりといったところか。

帰国前に送ったブルースへのメール

Dear Bruce

私の人生の紆余曲折を超えて、やはりあなたは、同じ志で地球に来た友であると、確信しました。あなたと共有すべき貴重な時間を、八年間もの間、あなたの元を離れてしまい、取り戻せないこと、後悔しても悔やみきれませんが、最後にもう一度、共同作業ができること、とても嬉しく思っています。

私たちを援助してくれている、すべての存在に感謝しています。

ブルース、ファーロン、共にご自愛ください。

また会える日を、楽しみにしています。

ケン

Ken

離れていた時間には、おそらく今の私たちには理解できない、良い理由があるのでしょう。

それは過去のことで、今は再び、一緒に取り組みができます。そのことは、私も嬉しいです。私もケンとは、共同ミッションを感じるので、この物質世界にいる間も、そしてここを去ってからも、引き続き一緒に取り組みをしていくことを、楽しみにしています。

私たち自身が目覚めていくことや、他の人たちを目覚めさせることに貢献できることを、楽しみにしています。

また、すぐに会えますね。

愛を込めて

ブルース

12. Our Story ―私たちの物語―

遥か古代、私たちは、この物質的な次元（私たちが認識している現実世界）に、共に存在していた時代がありました。

それは、このサイクル（現代文明が認識している時代）の話ではありません。アトランティスの時代か、それ以前の時代かもしれません。おそらく、地球に来る前から続いている話でしょう。

それからとても長い歳月をかけて、物質的な次元での生を終えて、私たちの意識は、五次元の意識領域（私たちの認識できない現実世界）へと移行しました。

それから、またさらに長い歳月を経て、私たちは六次元の集合意識の存在となりました。

しかし、私たちはある目的のために、集合意識から分離し、この時代の地球に、再び降り立つことを志願しました。ボブとブルースとケンは、計画的に、それぞれ時間と場所を決めて、生まれて来たのが今の生です。今生は、ある目的のために、計画的にこの時間を選んで来た、約束の生なのです。

遥かに進化した高次の集合意識の存在から、まずは五次元の意識領域に慣れる必要がありました。この五次元意識の存在は、今の私たちから見ると、未来生であり、ハイアーセルフと称される存在です。しかし、地球に来る前の私たちから見ると、過去世になってしまいます。今の私たちから見ると、この時間軸の解釈が、タイムパラドックスになってしまいます。

現在の私たちと、未来生の私たちと、過去世の私たちと、さらには集合意識となった私たちの本体まで、すべて同時に存在していないと、この物語は成り立ちません。

私たちが理解している時間軸の概念は、存在しないのです。

では、私たちが地球に来た「ある目的」とは何でしょうか？

これは私の個人的な感覚になりますが、根底にあるのは「誰一人として、置いて行きたくない。一人残らず集めて、全員揃って出発したい」という感覚です。

遥か昔、次元を移行するときに、やむを得ず、置いて行ってしまったメンバーがいるのではないか?と、思っています。

私にはアトランティスの最後の瞬間、(そこにいた)という記憶があります。オリオンの影響をとても強く受けてしまった人々の意識を、ニュートラルな意識へと変容することで、二極化からの統合を試みましたが、人類意識が破滅へと向かうことを避けられませんでした。深い絶望の中でその瞬間を迎える記憶が、何度も蘇ってきます。

過去の二極化からの統合において、大きな失敗と後悔の念を抱き、再びチャレンジするために、これは三人で計画してきた、壮大な一つのテーマです。そして、かつてと同じ方法で、人類の意識の変容を手助けするために、それが成されるべきタイミングを見計らって、計画的に、再び地上へと降り立ちました。かつて私たちが散々学んだ意識のテクニックを使って、二極化からの統合を手助けするために。

私たちに引き寄せられ、集まってくれた多くの人たちに、ニュートラルな道を歩んでもらうために。

この物質的な次元は、非常にゆっくりと揺らぎながら回転しているエネルギーで形成され、物質として存在しています。とても波動が低いのです。何かと比較する意味での、レベルが高い、低いとか、良いか、悪いかの話ではありません。ただ、低い波動で構成されている、というだけの話です。

高次の意識領域の存在のまま、この次元の存在と、意思疎通を図ることはできません。この次元の意識領域の存在とコンタクトを図るには、この次元の存在となり、直接的にコミュニケーションを図るのが、最も確実です。確実に伝えるためには、どうしても、この次元の存在となる必要がありました。

しかし、この次元の意識領域は、それを包み込むように、エネルギーフィールドに覆われており、まるで高次の意識から切り離されたような錯覚の中に、閉ざされてしまいます。

この次元に存在している意識は、個人の中に閉ざされているので、すべてを忘れてしまい、思い出せなくなるリスクがありました。

完璧に機能しているアースライフシステムの中では、その先の次元が存在することすら知る由もないので、何の疑問も抱くことなく、輪廻を繰り返してしまいます。欲に溺れ、人間中毒となり、エゴに囚われ、永遠に輪廻を繰り返し、このエネルギーフィールドから抜け出せなくなるだけでなく、すべてを忘れてしまうのです。地球に転生して来た本来の目的や、自分たちはどこから来て、どこに向かうのかさえ、思い出すことができなくなるかもしれないのです。いくらハイアーセルフがサポートをしても、それに気づくことさえ、非常に困難な意識レベルになります。

それほど、人間の意識領域は、とても強固に閉ざされた完璧な世界なのです。

この物質的な次元に入るためには、次元の膜（ＪＥＬＬＹ　ＢＡＮＤ）を通過しなければなりませんが、そこを通過し、この低い波動の次元に意識の焦点が定まると、すべてを忘れてしまい、高次の存在との繋がりも絶たれてしまうのです。

そんなリスクを背負ってでも、もう一度この次元まで降りていく覚悟を持ったメンバーが、「救出者タイプ」ということになります。

決して、人類をカタストロフィー（破滅的・悲劇的な結末）から救うような「救世主」のことではありません。

「救出者タイプ」という言葉に、ずっと抱いていた私の違和感は、これらを理解することにより、ようやく解消しました。あのとき計画センターで、ヘルパーから「きみもブルースと同じ救出者タイプとして、ここに来たんじゃないか」と、言われた言葉の意味が、やっと理解できたのです。

私たちのすべきことは、ミクロな視点では、「人間の霊性が目覚めていくため」に、個人の意識レベルにおいて、そのきっかけをもたらすこと。マクロな視点では、「人類の意識の変容が、加速するように作用するきっかけをもたらす」こと。

いずれにしろ、あくまでも私たちは、ただの手助けでしかありません。いつだって、決定権は自分にあります。自分で気がつき、自分で決断をすることが重要です。誰に指示されるわけでもなく、自らが決めた道を、自らの意志により歩んで行かないと、意味がありません。

私たちは、そのための目印という言い方もできます。

ブルースが受け取った、「三人で三角形を創っている」イメージは、各時間（時代）における象徴だと解釈しています。いくら理屈で説明しても、本当の意味で理解するには及びません。読書として得る知識は、経験による知識を超えることはできません。大きな意識の変容をもたらすには、自らが体験することによって、「知る」ことが必要です。

多くの人たちにとって、実際に実践している存在、それを体験させてくれる存在が、シンボルとして必要なのだと思います。

三人で創るトライアングルは、シンボルであり、ランドマークであり、ガイドラインでもあると思っています。

サーシャがもたらしてくれた情報では、それは私たちの集合意識のシンボルでもあったので、その一致がとても嬉しく、また非常に興味深いものでした。

これが、私が繰り返し、繰り返し、自問を続けてきた、「自分は何者で、どこから来たのか？

ここで何をすべきなのか？　そして、どこに向かうのか？」に対する、現段階での認識です。始まりは一人称の「私」でしたが、辿り着いた答えは、「私たち」でした。

もちろん、これはたった三人で何かをやりましょうという話ではありません。おそらく、もっとたくさんのメンバーが共にいるでしょうし、多くの人たちの理解と協力を得られなければ、何一つ変わることはありません。三人は、あくまでも象徴でしかありません。

扉を開けて、「やあ、いらっしゃい」と、出迎えるだけです。指導者などではなく、ただの道標でしかありません。好奇心を利用して、人々の意識を、引きつけるための対象です。

今の時間では、まだそれが必要なのだろうと思いますが、やがてそれも必要ではなくなるときが来るでしょう。

ここに辿り着くに至った、サーシャの言葉に、心から感謝しています。

「ボブとブルースとあなたは、確かに同じ集合意識から、共に地球にやって来たメンバーです」　サーシャ

ブルース・モーエン

私は、サーシャからもたらされたこれらの情報を読んで、最初に感じたことがあります。

それは、私たち三人は、同じ時間に生きてきたときもあれば、その中の二人だけが生きていた時代もあったと思います。常に三人が同じ時間の中で存在していたのではなく、一人のメンバーは、違う次元からサポートをしていた時代もあったのでしょう。

今も一人は、違う次元にいますね。

また、リーダーも入れ替わって、意識の探究について、多くの取り組みをしてきたのだと思います。いずれにしても、いくつもの時代や、様々な星において、意識の探求を続けてきたのだという認識に、違和感はありません。むしろ、そうであろうと思えるし、常にそれを教えるということをしてきたのだと思っています。

そしてこれからも、きっとそれを続けていくのだと思います。

ボブは、ヘミシンクを開発して、誰でも冒険できるようなシステムを構築しました。

私は、そのヘンシンクをベースに学び、更なる簡略化したテクニックに辿り着きました。でも私たちの時代には、まだ一部の人にしか受け入れられませんでした。ケンは、ボブや私のテクニックを更に進化させ、より多くの人たちに受け入れられ、広めてくれる存在になるのだろうと思います。

…………

フロリダにて　2016年12月25日

ブルートライアングルについて

ケン：ブルースが見た、ブルートライアングルについて、もう少し詳しく聞かせてもらえますか？

ブルース：トライアングルの一つのコーナーにボブがいて、そしてその反対側のコーナーに私が立っていました。私たちから見ると、上のコーナーになりますが、そこにケンが立っていました。つまり、トライアングルの各頂点に、三人が立っていたのです。

ボブは、指先で点をなぞるように、トライアングルに沿って、何か説明をしていました。それは、反時計回りで示していました。

三人の繋がり、関係性についての説明をしていました。その関係性の性質について、形とか、機能とか、特徴を話していたのだと思います。

ボブの動き方は、一気に線を描くような動きではなく、点々点々と、点をなぞるような、細やかな動き方でした。

色は、ブルーと言っても、濃いブルーではなく、それはとても淡く、まるでネオンのように青白く、発光しているような印象です。

ケン： まさにエレクトリックブルーですね。(思わず通訳のマキさんと、顔を見合わせて笑ってしまった)

サーシャが表現していたのも、ただのブルーではなく、青白く発光しているエレクトリックブルーでした。長いので簡略化して、ブルートライアングルと言っていますが、本当は、エレクトリックブルーのトライアングルです。

続・フロリダにて　2017年3月8日

ブルース：ケンのロゴマークに使用している、このブルートライアングルについて、今、不意に思い出したことがあります。

1990年代の初め頃に参加した、モンロー研のプログラムの一つに、参加者が各自でシンボルを考えて、それをフォーカス10へと導くための、ショートカットのツールとして使うというものがありました。自分のシンボルを思い浮かべるだけで、この物理的現実世界から、違う現実世界へと導いてもらうためのナビゲーションツールです。

そのときに私が使っていたシンボルを思い返してみると、トライアングルを使っていたんですよね。背景がブルーで、黄色っぽいトライアングルでした。でも完成したトライアングルではなかったんですよね。右側から始まって、各頂点があり、底辺となります。

でもなぜか一片が閉じることなく、繋がっていないんですね。なぜか隙間が空いていて、最終的に一つの角だけが接していないんです。

面白いなぁと思ったんですよね。この角は繋がっていないなぁと。

でもケンのトライアングルは、ちゃんと繋がっていますよね。完成されています。

私のシンボルにしていたトライアングルは、繋がっていなかったなぁと。で、このことを考えていたときに、私がシンボルとしてトライアングルを考えていた頃は、まだボブ・モンローは、生きていたんですよね。なので、彼のことは知っていました。私とボブは、既に出会っていたので、二つの頂点は存在していましたが、一つの頂点には、まだ人物は登場していなかった。その頂点の存在を、認識していなかったのだと思います。各頂点に立つ人物を、リーダーに例えるなら、まだ二人のリーダーしか、出会っていなかったのです。この時点では、二人のリーダーしかわからなかったから、未完成のトライアングルだったのだと思います。

本当は、とても不自然なはずなのですが、当時はごく自然に、この不完全なトライアングルを受け入れていました。

そしてケンが登場したことによって、私のシンボルである未完成のトライアングルも、完成したのです。トライアングルを構成する、三人目のメンバーがわかったからなんです。

そのことを考えていて、なぜ未完成のトライアングルであったのか、とても納得がいきました。当時はまったく思いもしませんでしたが、そういうことだったんですね。

この話が、絶対にそうだと言っているわけではありません。

ただ、そう考えると、すべてが繋がっていき、非常にしっくりとくる感覚があり、多くの出来事にも納得がいくのです。

ケン：それは面白い話ですね。こういった時を越えた仕掛けをするのがボブは大好きで、とても面白いエピソードだと思います。

13．すべての始まりの物語

遥か昔、遠い、遠い彼方で――。それは、この宇宙の誕生以前の物語。

そこには、〈一なる意識〉だけが存在していました。それは、すべてを知っている存在です。そしてあるとき、〈一なる意識〉の中に、一つの疑問が生まれました。

《すべてを知らないということは、どういう状態なのだろう？》

一つの疑問から好奇心が生まれ、〈一なる意識〉は、自分の意識領域の中に、閉ざされた未知なる意識領域【空《くう》】を創って、自分の一部を分裂して、【空】へ解き放ちました。

自らの意識から切り離された状態、すべてを知らない意識を体験するためです。

切り離された意識は、やがて〈一なる意識〉と同じように、自らの意識から切り離した閉ざされた意識領域を、自分の意識領域の中に創りました。自らも分裂を繰り返し、新たな意識領域を無数に創り出したのです。切り離された意識は、新たな体験を求めて、無意識の内に〈一なる意識〉と同じことをしたのです。

自らの意識から切り離し、閉ざされた意識領域を自分の意識領域の中に創造するという、無限のフラクタルのようなパターンは、自らの意志によって繰り返されました。（p．221〈イラスト2〉参照）

それはまるで、鏡の中に映る自分自身を、延々と投影し続けて行くかのように、果てしなく広がっていきました。鏡の中の自分は、自分が投影された元の世界を、認識することはできません。

私たちが存在している世界は、〈一なる意識〉から遠く切り離された意識領域に存在しています。分裂を繰り返した意識は、〈一なる意識〉の存在のことなど、もはや知る由もありません。

しかし、どの意識領域においても、不変なるものなど、存在していませんでした。

どの意識領域に存在しようとも、いずれその姿を変え、別の意識領域へと移行して行くのです。そしてその瞬間まで、別の意識領域が存在することを、認識できないのです。

一なる意識との繋がりを忘れてしまった意識たちは、それでも無意識に、還るべき場所を求めて、やがて探し始めるときがきます。自分自身の存在に疑問を持ち、別の意識領域の存在に気づき始め、思い出すのです。自分たちの存在している世界が、すべてではないと。

私たちの存在している物質的な世界においても、多層からなる意識領域で構成されています。

すべての物質は、振動しながら緩やかに回転しています。

最も振動数が低いのは、鉱物の意識領域です。この意識領域の振動数は、とても重く感じられます。そして鉱物の中には、私の大好きな鉱物もあります。それはエネルギーを媒体するのにも最適な「水晶」です。

水晶の意識領域。それはただひたすら、純粋なエネルギーに触れるだけで、何も考えることはできません。

私の印象として、人間の感覚の何かに例えるなら、滝に打たれ続けている感覚に、似ているかもしれません。

人間の意識領域に意識がフォーカスしたままでは、水晶（鉱物）の意識領域を体験することはできません。それを可能とするためには、肉体から意識を解き放ち、水晶（鉱物）に投影することができることを、体験として知る必要があります。

次に振動数が低いのは、植物の意識領域。ここもまた、重く感じられますが、鉱物の意識領域とは違った世界が広がっています。鉱物の意識領域が、ピンポイント的な感じがするのに対して、植物の意識領域には、不思議な広がりを感じます。静寂の中に、無限の広がりのような感覚を覚えます。この違いは何でしょう？　わかりやすく例えるなら、共鳴する感覚です。鉱物は、振動数がとても低く、重すぎるので、ピンポイントにその中に閉ざされてしまう感じがします。しかし植物は、共鳴し合う感覚によって、無限の広がりを感じるのです。鉱物のようなノイズ的な重さも感じません。同じように重く感じられる意識領域とはいえ、ただひたすら静寂が広がっているのです。

植物の意識領域は、多くの人たちにとっても、体験しやすい環境にあると思います。

人間の文明のノイズが一切生じない、静寂に包まれた森の中で、瞑想をしてみるとよいでしょう。お昼寝でも構いません。植物は人間の感情を受信できるので、意識を同化することをイメージしてみてください。静寂の中に、無限の広がりを感じることでしょう。

人間の意識が存在している意識領域には、物質的な「生」とみなされる、肉体を有している意識領域と、物質的には「死」とみなされる、肉体を有していない意識領域が存在しています。

物質的な世界で、人間として生きることは、最高にエキサイティングな経験であり、多くの欲を満たす行為に取り憑かれてしまい、そこから抜け出せなくなってしまいます。

または、この二極化のエネルギーの中で葛藤を抱いてしまい、人間の意識領域に囚われてしまった人たちもいます。

どのプロセスの中に存在していようとも、私たち人類は、人間の意識領域から旅立つときが来たことを、認識するときが訪れたのです。

すべての始まりである、一なる意識への帰還には、まだまだ何千年もの時を要するかもしれません。すべてを知らないところから始まった私たちの意識は、二極化の中で、あらゆる体験と変化を経験し、すべてを知り、すべての始まりの物語へと、還っていく旅が始まるのです。

ブルース・モーエン

私たちが帰還するときには、あるシグナルを頼りにして、旅をするのです。

そのシグナルとは、愛のエネルギーです。

愛のエネルギーだけを唯一の頼りに、旅を始めるのです。

私は、この意識の探索の物語について、一つの比喩的表現を使用して、以前、著書に記したことがあります。あのときは、探索機を意識の外側に向けて放つという表現で記しました。

しかし今回、ケンと「自分たちの集合意識を訪ねる」という共同ミッションにおいて、意識は内側に分裂していったのだと、認識が変わりました。

一なる意識とは、すべてを内包したものとして存在し、意識は内側に分裂していったのだと思います。

私が体験した集合意識も、ケンが描いてくれたイラストと、同じような認識ですね。

＜イラスト２＞

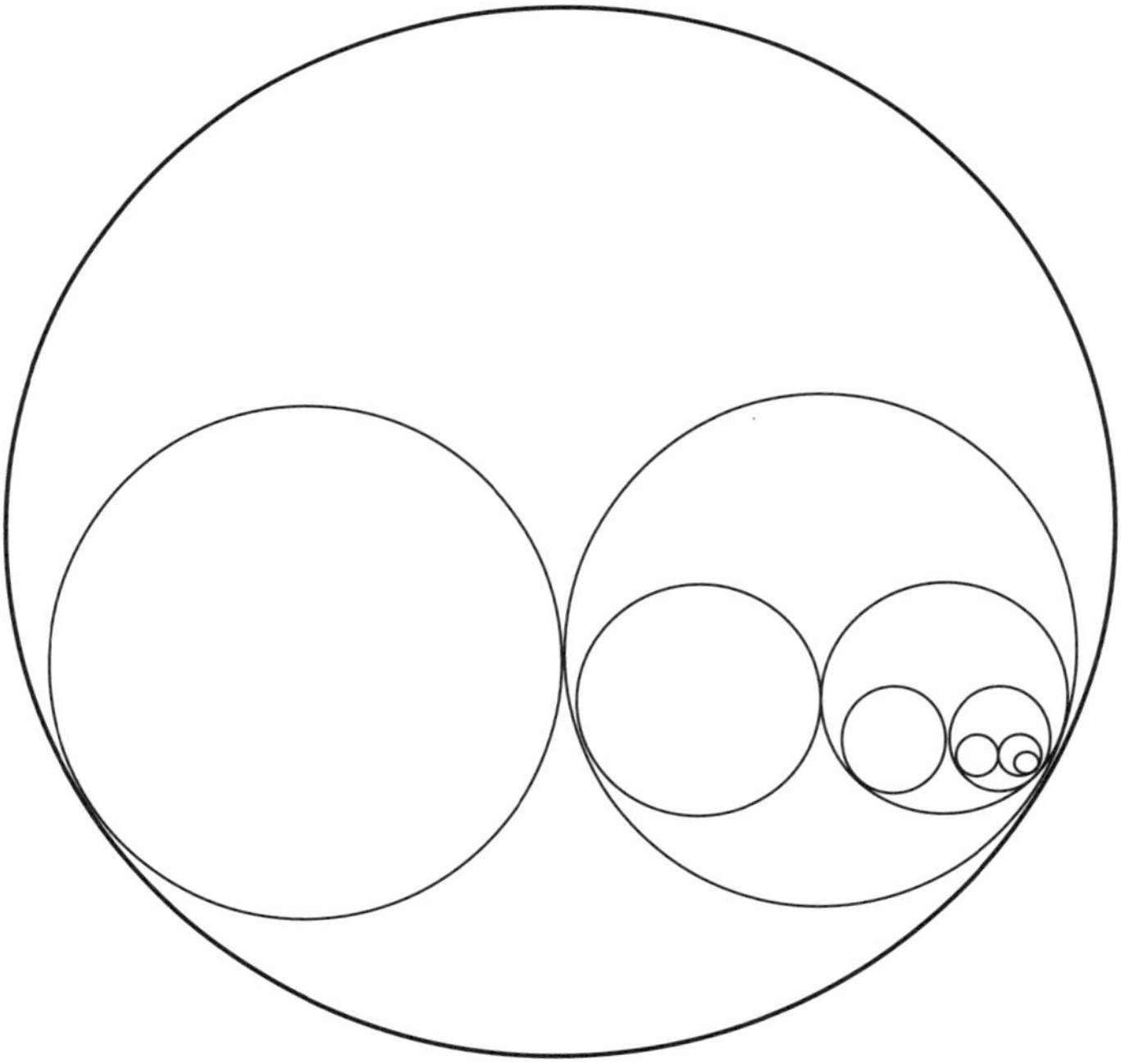

自らの意識領域の中に【空《くう》】ボイドを創り、意識を投影していく。
投影された意識も、自らの意識領域の中に【空】を創り出した。
意識は無限のフラクタルのように、延々と投影されていった。

すべての始まりの物語

――ブルース・モーエン編――

ブルース・モーエン

最初に、鉱物や植物に意識があることに気がついたのは、随分前になります。そのときは、ただの【空《くう》】から観察をしていました。

何もない空間や、「何か」が密集している空間。そして【空】を観察していて分かったことは、まったく何もない空間も存在しているということです。

何かのフォース、仮にそれを「意図」と定義付けすることにしましょう。それがどこから来たのかは、今ここでは問題の論点にしないことにして、話を進めます。

それが非物質的な最初の原子を築いたとします。それを水素と呼びましょう。空っぽの空間に、非物質的な水素があります。そしてその空の中に生まれた非物質的な形状に、なぜか惹かれたものがあって、それはほんとに微細な、そこに存在しているかさえわからないくらいに微細なものが惹きつけられてきたとします。そしてその非物質的な形状が、微細な何かによって満たされ、やがてそれは物質的な形状を成していきます。このときから、非物質界と物質界に分かれていきました。

他の元素達も同じですが、何か非物質的な元素があって、それを例えば酸素としましょう。その非物質的な酸素に引き寄せられてきた何かがその形状を成し、物質的に具現化します。酸素という物質が、【空】から生まれました。そしてそれが「今」という物理的現実の中に生まれたことによって、元素がそれぞれの性質によって、お互いに影響を及ぼし、反応し合うようになります。例えば、酸素の場合は、水素に引き寄せられます。二つの水素と反応し、酸素と水素は水に変わります。このプロセスはずっと続いていきますが、反応し合った結果、新たな元素や化合物になります。これらの化合物が、やがて鉱物になったり、植物になったりします。これらのプロセスを辿っていくと、鉱物があり、植物があり、動物がありと、変容していきます。これはすべて、元々は最初の原子から始まって、そこから派生しています。最初の原子、非物質的な水素の形状があって、その形状を埋めるように「何か」が具現化し、物質になりました。

そして分からないのは、この始まりの「何か」は何だったのだろう?ということです。

この考えの一部は知識ベースですが、これが私の考える物質世界を形成している仕組みになります。

まったくの【空】の空間に、非物質の形状を生み出し、そこに「何か」を満たして物質化する「意図」があるとしたら、それは【意識】だけではないしょうか？

そう考えたとき、【意識】そのものが、最初の原子を形作ったのではないかと思いますし、そこから派生していった様々な元素も、【意識】が「意図」を放ち生み出されていったものだと思うのです。鉱物も、植物も、動物もです。これらはそれぞれが、ある特定の領域の中に存在していますよね。

鉱物を手に取り、鉱物の意識領域に繋がろうと試みると、特性や要素を知ることができます。植物のように、変化を伴うことはありません。私がここに置けば、そのままの状態でそこにあり続けます。植物のように成長することもなく、ただそこにあるだけの意識ですが、交流することは可能です。それは鉱物も、意識のある形態として生まれているからなのです。

植物も、特定の意識領域の中に存在しています。植物界を形成してコミュニケーションを取り合っていますが、人間ともコミュニケーションを取ることは可能です。

私たち人間は、例え鉱物や植物とでさえ、意識があるものとは、すべて交信することが可能なのです。

非物質界と物質界がこのように始まっていったことはわかるのですが、そして物質的な意識領域には階層があることも。

では始まりの始まりで、「意図」を放った【意識】はどこから生まれたのか？

またはどこから来たのか？

この物質界を形作った【意識】は、何者なのか？

ここから先を考えても、これらは全くの謎であり、わかりません。

14. 共同ミッション in Florida

Dear Bruce

夏にあなたと再会できてから、私の人生は大きく動き始めました。

ワークショップを始めるという意図を放つと、急展開でいろいろなことがありました。

さらに導かれるように、いくつかの出会いがありました。

そして、サポートを申し出てくれた人もいます。

私のワークショップに対し、「このときが来るのを、ずっと待っていた」と、涙を流してくれた人もいました。

私たちを援助してくれている、多くの存在に感謝しています。
今は毎日が楽しく、待ち遠しいです。

私の新しい本の原稿は、八割方書き終えました。
ブルース自身にも関係する、とても面白い話もあります。

ブルースの体調と、年末の予定について、お伺いします。
クリスマスにあなたを訪問することは、可能でしょうか?

そして、私たちの集合意識を、一緒に訪ねてみたいと思っています。
そこには、ボブが待っていると思います。

一日二時間程度の会話と、一時間程度の意識領域の探索をしたいと思っています。
あなたの体調を考慮し、休息しながら、一緒に同じ時間を過ごしたいです。

12月24日から、五日間程度、滞在させていただくことを望んでいますが、いかがでしょうか？

愛と感謝を込めて

ケン

ケン

私たちをサポートしてくれている存在が、道を照らしてくれていることを、とても嬉しく思います。時には、こちら側の意図とコミットだけで、予期せぬ方法で、道が開けてくることがありますよね。

偉大なるマスターヨーダのように、フォースがあなたと共に強くありますね、ケン。

あなたの新しい本を読むことも、二人とも楽しみにしているし、できることはなんでもしようと思っています。

ここ数ヶ月で、健康状態的には、チャレンジを強いられています。今は急性の気管支炎の回復中で、ピークは過ぎました。あと数日もすれば、二ヶ月前の健康状態に、戻れるといいのだけど。二ヶ月前までは、身体の力も沸いてきていたし、脚の動きもよく、歩行も調子良かったのです。気管支炎は回復中で、いったん治れば、セラピストに教わった特別なエクササイズ（運動）を、また、再開できるでしょう。

来年の自分の健康状態は、予測することは難しいけれど、どうやら、私の旅の日々は、過去の懐かしい記憶に、なってしまったかもしれません。

当面は、医師や病院の近くにいることが、私にとって、必要不可欠になっています。健康が安定すれば、この必要性も減るでしょうが、時間のみぞわかるかな。

我が家に来てくれることは、私にとって喜びです。

愛を込めて

ブルースとファーロン

フロリダを訪ねて

２００８年のワークショップに参加したときに見た、未来の出来事のヴィジョンの一つに、ブルースの自宅で、共同探索をしているという場面があった。

それはソファに深々と腰掛けて、二人で何やら会話をしている場面だ。

日差しの差し込み方が印象的だったけれど、このフロリダで、今見ているこの場面も、まさに同じだなぁと思ったのは、同じ場面を見ているのなら、当たり前なのか……。

２００８年の自分は、それを天井付近の高い位置から眺めていた。だからその辺りを見つめたら、もしかして当時の自分と目が合うのではないか？と、変な衝動に囚われる。

当時の自分が眺めていた天井付近の辺りに、チラチラと視線を探してみたが、目が合うことはなかった（笑）。

この本を書くにあたって、結果的に、フロリダを二回訪問することになった。

最初の訪問のとき、家に着くなりブルースが、「ケンの原稿を読んで、昔自分が認識できなかった領域について、わかったことがある。モンロー研のプログラムに参加していたときに、ボブが現れて『ブルース。もっと面白いところに連れて行ってあげるよ』と、自分を連れて行ってくれた場所があるんだ。両手を広げて伸ばしたボブの身体が、ゆっくり動くと、手の先から消えて見えなくなっていき、最後には全身が消えてしまった。そこにボブがいるのは間違いないのに、見えなくなってしまったんだ。あれがどこなのかわからなかったけど、あれはジェリーバンドだったんだ。ケンの原稿を読んで、あれはジェリーバンドだったんだと、やっとわかったよ」と、かなり興奮しながら話してくれた。

「そして今回、ケンにも同じことが起こった。エクササイズが始まってすぐに、ボブが現れ、ケンをどこかへ連れて行ってしまったね。『もっと面白いところに連れて行ってあげるよ』と、まさに自分にしたことと同じことを、ボブはケンにもしたんだ。そしてその場所を、ケンは認識することができていた。こんなことを体験するのは、世界中を探しても、他にはいないだろうね」と、とても嬉しそうに話してくれ、その興奮が伝わってきた。

この日から五日間もの間、かけがえのない、貴重な時間を過ごさせてもらった。

特にクリスマスを、ブルースとファーロンと一緒に過ごすことができて、生涯忘れられない、本当に特別なクリスマスになった。

ブルースの友人たちにも、紹介してもらい、出会うことができた。

昔ブルースの家に二年間程居候していたというキースは、そこで出会った霊界通信機に魅せられ、今や人生を捧げている。24時間そのことを考え、情熱を注いでいる。

ああいう人が、発明のアイディアに辿り着くのだろうなぁと、しみじみ思った。

キースは、霊界通信機を完成させ、一万円くらいで売ることができれば、一家に一台、普及させることができるんじゃないかと、本気で考えているのだ。

毎朝目が覚めたら、お婆ちゃんと挨拶をする。まるで電話でもするみたいに、「そっちはどう?」なんてやりとりができたら、なんて素敵なんだろう!と、目を輝かせながら、情熱的に話し続ける。

クリスマスイブに、キースが開発した霊界通信機のプレゼンテーションがあり、ブルースと一緒に、招待されて行った。

どうやって通信するのかを簡単に言うと、周波数の空いているラジオチャンネルを利用するのだが、技術的な詳細は、ここでは省く。

霊界通信機では、長い文章的なやりとりをするわけではなくて、単語だけを受信する。

このデモンストレーションのときは、「メリークリスマス」と、三回くらい言ってきた。もっと何回も言っていたのかもしれないが、三回くらいしか、聴き取れなかった。

キースに代わって、ケンが交信を試みてと、突然の選手交代に多少面食らったのだが、私が問いかけようとすると、向こうから「フェイスブック」と、やはり三回言ってきた。このときは何のことだかピンとこなかったのだが、よく考えたら、この日の朝にフェイスブックに登録をしたばかりだったので、私という個人を指し示すのに、フェイスブックというアイテムを言ってきたのかもしれないと、後から気がついた。

キースは、霊界に対する研究をしてきた過去の人たちの資料を集めて、資料館のような場所を作ることも夢見ていた。

とにかく情熱的な人で、日本からできる限りのサポートを、続けていきたいと思った。

もう一人出会ったブルースの友人、キャロルさんも、とても面白い人だった。

サイキック能力の気づき方を、人に教えるということを30年近くしている人で、共通項の多い人だと、お互いに思った。サイキック能力に対する捉え方、教え方、そこに至るまでの道のりや、自分を取りまく環境面においても、同じような人生を歩んでいる人だった。

ブルースとファーロンも、「だからあなたに会わせたのよ」って、笑っていた。

フロリダを再訪して、キャロルさんと再会をした夜に、皆で談笑しているとき、不意に「ケンの未来のヴィジョンが視えた」と、教えてくれた。

それは多くの聴衆を前にして、演台に立ち、講演をしている場面だったそうだ。

実はブルースとの間で、お互いに同じ夢を見ているのだが、その夢は、キャロルさんのヴィジョンに、近いものがあるかもしれない。

ブルースが見たそれは、テレビカメラの前で、二人で対談をするというものだった。

「ケンはいつになく緊張をしているようだった」と、笑いながら教えてくれた。

私が見たものは、テレビではなく、実際に観衆を前にしている場面だった。たくさんの観衆を前にして、ステージ上で（さて、困ったな……）と、戸惑っている。それはブルースと一緒に対談をするという場面と、一人で演説をする場面のときがあった。

この夢は、少なくとも三回以上は見ている。これは自分の解釈なのだが、この出来事は非物質世界で実際にそれをしている場面だったのではないか？と、思っている。物質世界でこれからそういうことがあるというよりも、非物質世界で、既にそれをしているのではないか？と思っているのだが、果たして……。ただ実際には、もしも万が一頼まれるようなことになったとしても、やりたいとは思わない。

キャロルさんのご主人は、パーカーさんという名前なのだが、ブルースとファーロンは以前、駐車場の空いているスペースを探すのに、「パーカーさん、パーカーさん、お店に近い場所の駐車スペースをお願いします」と、アファメーションをしていたそうなのだ。

しかし本物のパーカーさんの登場によって、このアファメーショが使えなくなってしまったと、笑っていた。

パーカーさんは、俳優を定年退職された方だけあって、イケメン老紳士で、かなりの読書家でもあり、博学だ。日本でいうところの精神世界のジャンルや、日本の禅などにも精通し、環境問題や政治経済の話題も大好きな人だ。話していて、いつまでも飽きることのない、豊富な話題を持っている。

フロリダでの日々は、ブルースとの共同探索に限らず、出会いも含め、大変貴重な、かけがいのない時間を過ごさせてもらった。

多次元的な意識領域の話や、パラレルワールドについての認識、またはもう一度、地球に生まれて来たいと思うか？とか、果ては、アメリカの歴史から人種差別問題に至るまで、スピリチュアルなテーマに限らず、様々な話題を、時間の許す限り語り合った。

【自分たちの集合意識を訪ねる】という共同探索は、二回チャレンジしてみた。

「具体的にどのような方法で、集合意識まで行こうと思っていますか？」と、ブルースに聞かれ、「いつものように意識領域の探索で、そのまま行こうと思っていただけなので、具体的なプランが必要だとは思っていない」と、答えた。

また、「集合意識とは、どの領域のことを指しているのか、共通認識を確認しよう」と、結構細かい打ち合わせをしようと言ってきた。

正直、私の場合はかなりアバウトで、ブルースに比べると相当適当だなぁと、それらの質問に答えながら思った。

するとそのとき、「ブルース、少し複雑に考え過ぎているよ」と、ボブが言ってきた。

この一言で、「オーケー。では細かいことは抜きにして、とりあえずやってみますか」という流れになってくれたので、ありがたかった（笑）。

クリスマスイブの夜に、一度目の共同探索にトライした。

集合意識とは、言語によるコミュニケーションを取ることは不可能で、サポートをしてくれている、第三者の存在も感じた。しかし、このときの私には、集合意識を訪ねるということは、あまり有意義な探索のテーマには思えなかった。それは、集合意識を訪れても、限りなく何も認識できない状態に近いのではないか、という印象を抱いたからだ。心のどこかに、コミュニケーションを取ることができない存在を訪れても……という考えが、このときにはあったのだと思う。

ただしブルースは、これまでにもこの存在を訪れたことがあり、メッセージを受け取っていた。それは、「集合意識を辿って、源に辿り着くまで」に対する答えとして、

「距離的には短いけれど、知識としては無限だよ」

という、禅問答のような、面白いメッセージだった。

ブルースも、初めて集合意識を訪れたときは、コミュニケーションを取ることができなかっ

たと言っていた。その存在が、何らかの反応を示しているのを感じ取れたのだが、それは言語によるものではなかったので、理解には至らなかったのだが、何度目かの訪問時には、あきらかにコミュニケーションを図ろうとしている意図が伝わってきた。コミュニケーションを取れるようになるまでには、何度もチャレンジしたそうだが、それは当然のことだと思う。人間同士でさえ、言語が違えば、コミュニケーションが取れるようになるまでには、何度も接触が必要になるだろう。

そうして一つ上の集合意識に、またその上の集合意識へと、どんどん辿って行ったとき、これをあと八回辿ることができたら、自分の認識している源に辿り着くことができると、教えてもらったそうだ。しかし、結局それ以上先には、進まなかったそうだ。

クリスマスの夜に、二度目のトライをしたのだが、「他人の誘導で導かれたことがないから、ケンの誘導瞑想で自分がどうなるのかやってみたい」という、ブルースからの突然のリクエストで、急遽、私が導くことになった。

このときも私としては、集合意識との明確なコミュニケーションを、認識できなかった。ただただひたすら圧倒的な愛のエネルギーに包まれて、シクシク泣いていただけで終わってしまった。ただこのときは、ボブの予期せぬ一言にも反応してしまい、溢れる涙を堪《こら》えきれなかった。それは集合意識の存在する意識領域と思しき空間で、人ではない存在に向かって、コミュニケーションを試みようと、成果のみえない努力をしていたときだった。直前に私が思いついた質問は、「私たちを繋ぐものは何ですか？」だった。その質問を投げかけると同時に、圧倒的な愛のエネルギーに包まれた。まるで時間さえも止まってしまったかのように、すべてのものが、色も形も失ってしまったように思われた。頭が真っ白どころではなく、すべてが真っ白になってしまった。

まるですべてが【無】の中に包まれてしまったかのように感じていたそのとき、

「これで、もう大丈夫だね。よく頑張ったね」

ボブからの突然の一言は、止まった時間の中で真っ白になっている自分を呼び覚まし、ぶわーっと、一気に涙がこみ上げてきた。それは、単にこのミッションのことではなく、幼少時代からの人生を肯定されたような、労いの言葉に感じたからだった。そしてもうこの後は、ただひたすらシクシクと、心地良く泣いていただけだった。

このときも私は、集合意識との明確なコミュニケーションを認識してはいなかったのだが、しかしイメージのような情報を受け取ることなら可能で、いくつかのイメージを受け取っていた。このときに受け取った情報は、そのときは理解できなかったのだが、三ヶ月くらい経ったある夜、急に理解することができた。その間、その情報について考えていたわけでもなく、ほぼそのことについて忘れていた。それでも夜中に突然目が覚め、あのときに受け取ったイメージを、突然理解できたのだ。

私たちは、横の繋がりと、縦の繋がりと、すべてが意識で繋がっていて、小さなグループを形成している。その小さなグループ同士を内包したグループが形成され、まさに無限のフラクタルの表現に相応しい、グループ意識が形成されている。

私たちの意識も、本体はここ（グループ意識）にある。ここには、過去の私の意識も、現在の私の意識も、未来の私の意識も、すべてが同時に存在している。このグループ意識に内包された意識こそ、私の本当の意識なのだ。肉体に宿っている意識は、体験している意識であって、リアルな現実ではない。いや、この物理的次元での存在も、リアルな現実なのだが、本体ではなく、体験している意識に過ぎないのだ。この表現は極端なメタファーかもしれないが、仮に、今肉体に宿っているあなたの意識が集合意識だとして、物理的次元を体験している意識は、夢を体験している意識とでも言おうか。昨日の夢、今日の夢、明日の夢。一つ一つの夢が、一つ一つの人生であり、すべての夢（人生）を同時に認識し、体験しているのだ。今いる自分の現実は、一つの夢（人生）を体験しているに過ぎない。この肉体での生を終えたとき、還るべき場所があるという解釈で、リアルな体験をしている意識だと認識している。ただ、ここだけが、唯一無二の世界ではない。そしてこの人生を、多くの自分たちが共有しているのだ。だから多くの愛と感謝を抱き、日々幸せの中にあることを感じながら、人生はもっと楽しむべきだと思う。

この集合意識の感覚、果たしてこれで伝わるだろうか？

この情報を理解したとき、同時に理解したもう一つの情報があった。

それはアカシックレコードだ。アカシックレコードの由来も起源も知らないが、まさに集合意識こそ、すべての記憶が存在する場所なのだ。それに接した、または接することができた誰かが、その情報源の存在を、そう名づけたのではなかろうかと思う。一つの考え方として、そういう解釈もできるなと思っているが、そうだと断定しているわけではない。

ただ確実に言えることは、すべての記憶が内包する、アカシックレコードは存在する。そして、そのすべての意識にアクセスすることもできる。

ブルースは集合意識を訪ねる共同探索で、過去に自分がメタファーを用いて書いた、意識の探索機の物語について、あのときは探索機を意識の外側に放つという表現を使用したが、探索機は、意識の内側に放たれたんだと、その表現についての認識が変わったと話していた。これについては、私も同じ認識を抱いている。

集合意識の認識についても、最初の打ち合わせのときに、私が簡単に描いたイラストと、どうやら同じことだと話していた。

集合意識が集合した、さらに大きな集合意識。これらを辿っていけば、いつか必ず「一つの意識」になるということまではわかった。それが、すべての始まりの一なる意識。

問題はこの後。

では、そのすべての始まりの一なる意識は、どうやって誕生したのか？

または、どこからやって来たのか？　それがまったくわからない。

「エンジニアとは、こういうことを考えてしまうのです」と、ブルースは笑っていた。

集合意識の意識領域の共同探索を終えて、一なる意識が存在することまではわかった。でも今の自分たちに理解できるのはここまでが限界で、ここから先は多次元宇宙やパラレルワールド的な認識になってしまうため、物質世界に存在する自分たちの理解を超えてしまう。おそらく宇宙も複数存在しているであろうことは想像できるが、そこには私たちの想像を超越した世界が、無数に存在しているのだろうと思う。

この五日間の滞在を通して、すべての体験が貴重であったし、非常に有意義な、かけがえのない時間を過ごさせてもらえた。

どの体験も、すべてが宝物と言える瞬間だった。

二度目の訪問の機会は、不意に訪れた。一度目のときも、わずか三週間足らずの間に決まったのだが、二度目のときも、さらに直前に渡米することが決まった。

ブルースが提供してくれる予定だった一つの章について、ブルースの体調が思わしくなく、もはや自力で書くことは不可能になったと聞いて、私としては、そのことをあきらめた。やはり自分が動き出すのが一年遅かったなという思いが、まず真っ先に浮かんだ。自分の中の迷いが招いてしまった結果だから、これはもう、このままでも仕方がないなと、そんな気持ちになった。

それでも通訳のマキさんは、ブルースが口述したものを私が書くというスタイルで、ブルースの章を書き上げるという作業が、実現できるのではないか?と、話を進めてくれていたのだ。体調が思わしくない中、訪問して滞在することは、負担になるのではないか?と、私もマキさんも躊躇したのだが、それでもブルースの活動を残せる最後のエピソードになるかもしれず、後悔はしたくないという、長年ブルースをサポートし続けたマキさんの強い想いも感じた。

非常に戸惑いがあった私たちの懸念とは裏腹に、ブルースとファーロンの反応は、自分たちの想像とは逆であった。急な日程で、三日しか滞在できない旨を告げると、たった三日しか滞在できないことを嘆いてくれて、二人の再訪を心から歓迎し、心待ちにしていると、胸が熱くなるメッセージをくれた。

出発当日、搭乗する予定だった機体が急遽変更になり、予約していた座席もなくなったと告げられ、（アメリカン航空って適当だなぁ）と、苦笑いをしてしまった。ところが、変わりにビジネスクラスに振り替えてくれて、非常に快適な空の旅を楽しむことができた。（アメリカン航空って適当だなぁ）と、今度は大笑いせずにはいられなかった。

これはきっと、この渡米計画は大いなるサポートを受けて、歓迎されているに違いない！と、とっても都合よく解釈し、気持ち良く空路を楽しめた。

二度目のフロリダ訪問は、ブルースが口述したものを自分が書き上げるという、まさに今度は物質世界での共同ミッションが待っていた。

ボブが言っていた「ブルースとの共同作業」とは、このことだったのかもしれないなと、感じるものがあった。

前回は対話だったけど、今回の滞在中は、ブルースの話をひたすら聞いていた。

ブルースの歩いてきた軌跡を、その活動を伝えるべく、深く胸に刻みながら。

フロリダに滞在中は、ブルースの書斎に寝泊まりしていたのだが、真夜中にボソボソと話声が聞こえてきたりした。（なんだろう？）と思って声のする辺りを見てみると、試作品の霊界通信機が置いてあった。（ははあーん、こいつの仕業だな）と思い、翌日ブルースに尋ねると、「自分も深夜まで作業をしていたときに、何度か話声が聞こえてきたときがあった」と、ニヤリとしながら教えてくれた。

このときに聞こえてきた会話は英語だった。非物質世界でのコミュニケーションは、日本語で認識しているのだが、この部屋で聞いた会話は英語だった。

ただ一度だけ、この霊界通信機とは関係なく、耳元で「ケン……」とハッキリ呼びかけられたことがあった。その声はとても明瞭で、本当に耳元で声をかけられたと思い、瞬時にパッと目を見開いた。その声の主は、聞き間違えようがない、誰であろうブルースの声だった。このときは、（あれ？　いない……？）と、思わず戸惑ったのだが、後日この出来事を理解することができた。

それは亡くなったブルースと会話をしているときに、教えてくれたものだった。

あの夜ブルースは、眠りについてから（仕事をしよう）と思い、自分の書斎に入って行った。するとそこには、なぜかしらケンが寝ていた。（あれ？　ケン……？）実はこのときのブルースは、肉体から出た意識だけの存在であったが、肉体から離れた意識は、物理的世界でケンが泊まりに来ていることを忘れている状態であり、(あれ? なんでケンがここに寝ているんだろう?)と、この状況を理解するまでに時間がかかった。

だから私が耳元で聞いた声も「ケン……?」という、語尾が上がって疑問符が付く感じが正確なニュアンスだった。


フロリダを再訪した最後の夜は、リビングで一睡もせずに、一夜を過ごした。

ここに至るまでの多くの出来事について、一つ一つを振り返りながら。

ボブが言っていた「ブルースがケンに繋いでくれる」と言っていたことは、このミッションのことだったのかな?と思い、ボブに、感謝の気持ちを伝えようと思った。

ボブは、こちらが何か言う前に、「ミッションコンプリート」と、笑っていた。

感謝の気持ちを伝えると、「私は何もしていないよ。全部自分でやったことだろう」と、再び笑った。

そして、「私たちは、何も操作はしていないよ」と、横浜で食事をしたときと同じ言葉を引用して、とても愉快そうに笑った。

ボブの仕掛ける、時を越えた独特なユーモアは、とても面白く、私の好奇心を惹き続けてくれる。果たして次には、何が待っているのだろうと……。

死者とのコンタクト

これは二度目のフロリダ訪問時に、ブルースに四人の人物を訪ねてもらおうと思い、トライしてみたときの記録だ。元々の予定にはなかったのだが、フロリダに来て二日目に受け取ったLINEで、急に思いついた案だった。

それは、私の従姉妹の子からのLINEだった。その子の子供が、最近交通事故で不慮の死を遂げてしまい、深い悲しみに包まれていたのだ。もちろんレトリーバルもしたし、何度か様子を見に行ってはいたのだが、そのときも、「最近、子供の様子はどうか？」という内容のLINEだった。子供と言っても、既に成人した男性である。

当時、私はこの事故の連絡を受けた直後に、事故に遭ってしまったその彼に、コンタクトを試みた。このときには、まだ肉体は存在していたのだが、意識不明の重体だった。

「その彼に会う」という意図を定めると、ある一つの場面の中に、彼は立ちつくしていた。そこには横転したトラックと、荷台に積んであったはずの鉄パイプが散乱しており、道路を塞いでいた。彼はそこにたたずみ、まるで覚めない夢を見ているみたいに、何度も事故の場面を繰り返していた。

おそらく同乗者と思われる人の大きな叫び声に反応して、慌てて急ハンドルを切り、バランスを失って車が横転してしまったのだ。車を運転していたのは、彼本人であり、時間にしてほんの一瞬の居眠りではあったが、高速道路では致命的だった。

この場面に、他に登場人物は存在していない。彼は、(何かがおかしい?)という違和感を抱きながらも、(これは夢をみているのだろうか?)と、疑問に思っている状態であった。何度も何度も同じ場面を繰り返し、(自分は事故を起こしてしまったのだろうか?)と、疑問を抱きながらも、それでも自分はこうして存在しているから、これはきっと夢なんだろうと、そう思いながらその場面にたたずんでいるのだ。

詳細を省くが、彼は今、ヘルパーとなって兄弟たちをサポートする道を選んだ。

生前、彼は家族をとても愛していた。それは成人してからも変わることなく、兄弟をこれほど想っているなんて、今どき非常に珍しいとさえ思えた。そんな彼の想いからすれば、兄弟たちの人生をサポートしたいと考えるのは、ごく自然な考えなのかもしれない。

この一連の出来事について、ブルースがコンタクトを取ったら、どのような結果が得られるのか、急に知りたくなったのだ。そう思ったとき、何人かに会ってもらい、その結果を自分と比較してみたくなったので、合計四人の人物について、ブルースに死者とのコンタクトをお願いしてみた。依頼した四人はすべて身内のため、先入観も完全には払拭できずに、その情報に多少なりとも疑問を抱いていたからだった。

この動機は告げずに、死者とのコンタクトをブルースにお願いすると、二つ返事で「オーケー」と答えてくれた。

〈ケース1〉

まず一人目は、私の従姉妹の子の子供にあたる、この彼をお願いしてみたのだが、驚いたことに、思いもよらぬ人物が登場した。

ブルースから、「まず、言っておくべきことがあります。私が表現するものは、ほとんどメタファー（比喩的表現）になります。私が一番知覚しているものは、感覚になります。感覚として捉えているものを、メタファーを用いて描写し、表現しようという試みになります」

と、一言前置きがあり、それは始まった。

ブルース：ケンが今、名前を書き始めると同時に、私の目の前に、イメージが現れました。まだ私の目は開けたままでしたが、私の心の目で、そのイメージがハッキリと浮かびました。私の前に、一人の女性が現れました。私と向き合っています。伝統的な着物を着ています。

（私はこの人物に意識をフォーカスしていたわけではなかったのだが、着物と言われた瞬間に、一人の女性が脳裏に浮かんだ。それは一冊目の著書に記した、大正時代の女性だった。それは、私の祖母の姉にあたる女性だった）

ブルース：色は、ピンク調の物です。他の色も入っていますが、ピンクが印象的な色です。それが何を象徴しているのか考えてみると、今の世代の人ではなく、もしかすると、お祖母ちゃんくらいの年代の方の、若い頃の姿かもしれません。

目を閉じてもう一度見てみると、彼女の靴が気になっています。それはとても変わっているものです。かかとの部分がとても分厚く、木でできている物です。

立っている姿勢が、背筋を伸ばして、少し緊張しているかのような、ちょっと硬い雰囲気ですね。リラックスした状態ではないです。今言い終わると、お辞儀をしてくれました。腰から上を曲げてお辞儀をしてくれたのですが、「そうです。私です」と、言ってくれている感じがします。

「何か面白いものを見せて」と、聞いてみます。

訊ねたときに、すぐに小川が現れました。そんなに川幅のない、小さな小川です。

（私はこの描写を聞いた瞬間に、やはり一冊目の著書に記した、もう一人の先祖の場面が瞬時に思い浮かんだ。それは冬のどんよりと曇った日に、干上がった田んぼの真ん中を流れる小さな小川で亡くなった、まだ幼い子供のいた場面だ。空一面を覆う厚い雲と、広い土地を分断するように流れる小さな小川が、とても印象的な場面だった）

ブルース：台地があって、向こう側に小川があるのではなく、平らな原っぱの真ん中に、いきなり小川があります。そしてそこには、小さな男の子がいます。かなり幼い子供です。二歳から四歳くらい。小さな子供がするように、座り込んで、土で遊んでいるような仕草をしています。

(この描写を聞いたとき、間違いなくブルースは、かつて私がレトリーバルした子供に会っているのだと、確信した。あのときに私が抱いたイメージでは、二歳と十ヶ月の幼い男の子だった)

ブルース：先ほどの女性は、今はもっと若いです。何かスカーフを、頭にかけているような感じです。着ている物も着物ではなく、カジュアルなイメージです。でもジーパンにTシャツというわけではありません。日本でいう、カジュアルな服装なのだと思います。

(これはいわゆるモンペ姿にほっかむりで、農作業の恰好だ)

ブルース：今よりも、もっと前の世代ですね。今の世代ではなく、もっと前の世代だという印象はありますが、彼女は母親です。そして小さな男の子を連れてきて、小川の所で遊ばせています。そういうことをするような、楽な服装です。

もう一つ興味深いのは、その背景です。この環境です。

一つのイメージから、別のイメージへと、行ったり来たりするのです。

まず一つ目のイメージは、見渡す限りの原っぱのような広場です。そして二つ目は、そんなに遠くないところに、街並みが見えたりします。人が住む家だけではなく、お店のような商業施設もある、「村」ではなく「町」ですね。でも「都市」ではなく、そんなに大きい町ではありません。

（この町並みの描写もまた、自分があのときに見たものと、そっくりであった。間違いなくブルースは、あのとき自分が見た風景と、まったく同じ風景を見ているだと思った）

ブルース：ケンにとって、何か役に立つものを見せてくださいと、頼みました。彼女は先ほどの男の子を、腰の辺りに抱えるように、抱き上げています。そして見つめています。この二人の関係性は、親子ですね。

それを聞いたとき、かつて、なぜあの男の子の位牌が誰なのか、家族の誰もが知らなかったのか、ということに納得がいった。仏壇の中には、確か自殺した祖母の姉の位牌もあったと思う。きっと祖母は、姉とその子供の位牌を、ご先祖たちと一緒に供養してきたに違いなかった。

祖母の姉に子供がいたということは、結婚することは、できたのだろうか？　でも苗字が変わっていないということは、未婚のまま出産したのだろうか？　いずれにしろ、位牌がここにある以上は、籍は入っていなかったのだろうから、やはり複雑な事情があったのだろうということが窺い知れる。そしておそらくは、この男の子の不慮の死の後に、生きがいを失い、この子の近くにいようと、後を追うように自殺してしまったのかもしれない。祖母はこの出来事について一切語らず、男の子の存在は誰も知らないままになってしまっていたのだろう。

おそらくは複雑な事情で、悲劇的な人生を歩んでしまった母子の存在を、１００年越しに理解することができた。真相はともかく、この母子の存在を認識できたことは、あのときに見たヴィジョンの理解を、思わぬ形で深めることになった。

ブルース：なぜか私は、「別の人物も見せてください」とお願いをしました。
かなり年配の髭を生やした男性が現れました。帽子を被っています。野球帽ではありません。カウボーイハットでもありません。均等にツバのある帽子です。
「誰ですか?」と、聞きました。「おじいちゃん」だと思うのですが、「おじいちゃん」の前に少し言葉が多いので、何か名前のような言葉を付け足しているのだと思いますが、わかりません。関係性を尋ねましたが、やはり「おじ」は聞こえます。

今どこにいるのですか？と、質問をしてみました。

最初から貫かれている感覚としてあるのは、曇り空なんですね。日差しはありません。どんよりと曇った空というのが、一貫して感じられます。

そうすると、全体がグレーな印象になります。厚い雲を通した明るさです。

ここには、彼女の知り合いしかいません。親戚もいます。その「親戚」という言葉で、先ほどの年配の男性が再び現れました。親戚に間違いないと思います。

「どこか、他にも行ったりしますか？」と、質問をしました。

「行きますよ」という返事と共に、手を繋いで飛んでいる感覚、誰かと一緒に移動している感覚があります。どこかへ旅をしている感じがします。旅を楽しんでいる感じです。

私が最初に見た場面は、彼女の一番慣れ親しんだ場所なのだろうと思います。


（どんよりと曇った空。視界全面に広がる、水の張っていない干上がった田んぼ。小さな小川。かつて自分も見たことのある、とても印象的な場面を、再び思い出していた。

ブルースは、現場をレポートするかのごとく、淡々と状況を伝えてくれていたが、私の頭の中では、この謎だらけだった出来事の全容を理解するにつれ、再び大きな愛のエネルギーに包まれていった。そして何よりも、彼女と子供の二人ともが、レトリーバルされたことに

喜びと安堵を感じていた）

ブルース：彼女は胸の前で両手を合わせ、その姿勢のまま、お辞儀をしました。「来てくれて楽しかったわ。今はさよなら」と、言っています。

ケン：まず、この人物ですが、とっても心当たりのある人ですが、私が名前を書いた人物ではありません。なぜ彼女が出てきたのでしょう？

ブルース：名前の人物ではないのですね？ それでもこの人が誰なのか？ 心当たりはあるのですね？

ケン：ええ、その女性が誰であるか、わかります。私の最初の本に書いた女性ですね。

ブルース：これはワークショップでも、最もよくあるケースです。ある人を訪問しようと意図を定めているにも関わらず、なぜか違う人物が登場してしまうのです。でもその場合でも、その人物が誰であるか、特定できる人ですよね。名前の人物ではないのですが、誰だか特定できる人が出てくるというケースは、頻繁に起こります。なぜこのような現象が起こるのか、それは私にもわかりません。それでもこれは、最も起こりうるケースですね。

着物はどうですか？

それと、彼女は旅をするのが好きなのか、そういう人生を歩んでいたのか、そんな印象を持ちましたが、それはどうだったんですか？

ケン：この女性は、１００年以上前に存在していた人なので、着物を着ていた時代の人ですね。ただ、あまりにも昔のことなので、彼女がどういう人生を歩んだのかまでは、わからないですね。それでも驚きと、新たな気づきがありました。この二人が、親子であったということです。今までずっと謎だった小さな男の子の存在が、やっとわかりました。これは私にとっても、あの出来事の理解を深める真実になりましたね。そして最後に、彼女は感謝の気持ちを伝えて、帰って行ったのですね。それがとても嬉しく感じました。

ブルース：そうですね。この二人は親子であったと、私もそう感じましたね。

最後のしぐさは、感謝の気持ちだったのですね。ケンに今そう言われて、とても納得がいきました。私には、彼女のしぐさにどういった意図があるのかわからなかったのですが、感謝の気持ちと言われてみれば、そう思いますね。

〈ケース2〉

ケン：では、二人目の名前を書きますね。

ブルース：まず、男性が現れました。ビジネスマンです。会社や企業の経営者、社長か、またはそういった立場にある地位や待遇を受けている人です。なぜそう感じたかというと、彼はオフィスに個室を与えられている人だからです。デスクに座っています。後ろには大きな窓があり、その窓からは、高層ビルが見えます。大きな都市ですね。痩せ細った人ではありません。体格は、わりとがっちりしています。とても豊かな繁栄をしている、あるいはそれを目指している、向上心のある人です。

今彼が移動すると、机の上の書類が、風でめくれました。

ドアを開けて、誰か、秘書的な人を呼びました。

彼は着ているスーツに、とても気を遣っています。まるでオーダーメイドのように、ピッタリと身体に合ったサイズにしています。とても身だしなみに気を遣っている、几帳面な方ですね。

私に「お昼でもどうですか？」と、言ってくれているみたいです。

オフィスを出て、外に出ました。太陽の日差しが、照り付けています。大きな通りから、細い路地に入りました。

彼には彼なりの流儀があって、決まったやり方を、とてもよく心得ている人です。どこに行くのかは決めていて、お昼を誘ってきても、私に「何を食べに行きますか？」とは、聞いてきません。客をもてなすことに、慣れているのを感じます。

路地に入ると、小さなレストランがたくさんあって、日本で見たことのあるような雰囲気ですね。彼はドアを開けて、お先にどうぞと、手で私を誘導してくれ、先にお店に入れてくれます。ここはよく来る、馴染みのお店のようです。ウエイターも、常連客も、彼の顔馴染みのようです。もう座る席も決まっているようです。メニューも、彼が頼んでくれます。私に「何を食べますか？」とは、聞いてきません。私が選ぶから大丈夫ですよと、手際よくもてなしてくれます。

（まず、最初の描写。几帳面な身だしなみで、都会に個室のオフィスを与えられている人物。これだけで、すぐに誰だか特定できた。今回の本に書いた、叔父だ。やはり、名前を書いた人物ではなかったが、でも、叔父の登場には嬉しくもあった）

ブルース：彼はもう、昼食を食べ始めています。あまりにも慣れ親しんだ日常を過ごしていて、あまり私の存在には、意識を向けていませんね。

この状況に、私は介入を試みようと思います。

「他に好きなことは何か、見せてもらえますか？」と、質問をしてみました。

この質問に、彼は戸惑っています。私の質問が、彼の慣れ親しんだ日常に合わないなと、疑問を抱くのに、少し時間を要しました。

突然、違う場面のイメージが浮かびました。水辺のデッキにいます。釣り竿が見えます。赤っぽい、大きな魚が見えます。空中に浮いている感じです。釣り上げられて、吊るされているようなイメージです。でもこれは、一瞬のイメージです。レストランの場面から、いきなりその場面が浮かびました。

（先ほどまで、私は叔父の姿を見ていたのだが、釣りの描写に変わった瞬間、違う叔父の

姿が浮かんだ）

また、レストランの場面に戻りました。

今度は、「今どこにいるのか、知っていますか？」と、質問をしてみました。私を見て、「もちろんだよ。レストランにいるよ。いつもの場所で、いつものように昼食を楽しんでいます。ただ、あなたが誰なのか、わからないのですが……」と、怪訝な表情になりました。

「私は、ケンの友人です」と、答えました。彼は、「ケン……？」っていう戸惑った表情をしています。「ケン……？　ケン？」と、思案していましたが、「ああ、○○ね」と、ケンの名前を別な呼び方で言っている感じがします。もしかして、日本語の呼び方ですかね。大きく頷いて、ケンの名前を呼んでいます。ケンを認識するまでに少し時間がかかりましたが、誰なのか、理解したようです。

今度は、「なぜあなたが、ここにいるのですか？」と、訊かれました。

「ケンに頼まれて、あなたの元を訪問しました。あなたが死後に存在している場所、今の状況について、様子を見に来ました」と答えました。

「死後」という言葉に、瞬時に反応したように思います。はっとした様子で、軽いショックを受けているようです。ここは死後に自らが創り出した慣れ親しんだ場所ですが、自分のオフィスにいることや、ランチに行くことなど、慣れ親しんだ日常生活に没頭し過ぎて、いつもいたはずの場所以外の所にいるという認識や、ましてここが死後の世界で、そこにいるという認識は、彼にとって、奇妙に感じているようです。

(このとき私は、突然、ある衝動に囚われた。それはブルースと叔父がいるレストランに、自分も合流してみたいと、急に思いたった。そしてその意図を放ち、静かにゆっくりと深呼吸を一つして、その場面に介入してみようと試みた)

ブルース：今、私たちのいるレストランに、ケンが入って来ました。そして私たちの座っているテーブルに、一緒に座りました。彼はケンの存在に、気がついたようです。ケンのことを指差して、「ああ、ケンがいる。いったいどこから来たのだろう？　でもレストランにいる。なぜケンがいるのだろう？」と、少し混乱しているように思えます。「もしかしてここは、自分の思っている場所ではないのかもしれない。これは、自分の慣れ親しんだ日常ではないのかもしれない」と、この状況に、疑問を抱き始めたようです。

彼の心を読み取ると、「そういえば、ケンは昔、こんなことを私に話していたな。あのときはそんなに、気にもしなかったけど。でも今は、ケンの話していたことは、合っていたのかもしれない。死んでから、何が起こるかということは、今自分の存在しているこの馴染みのある場所は、本当の場所ではないのかもしれない。夢のようなバージョンでいるのかもしれない」というような、戸惑いも感じます。この状況を理解しようと、繰り返し、繰り返し、思考がループしているようです。様々な場面や話を繋げ、答えを見出そうとしているのが感じられます。今のこの状況と、過去にケンから聞いていた話を結びつけ、「もしかしたら、ケンが言っていたことは、正しかったのかもしれない。本当のこと、真実がそこにあるかもしれない」と、感じているようです。次に彼がこのレストランを出るときには、これまでとはまったく違った場所に行くという感覚があります。元の場所に戻るのではなく、別な現実に行くという感覚です。これはレトリーバルの状況にも、似た感覚です。

(私は叔父がいるテーブルに行き、対面に座ると、戸惑った表情の叔父が、じっと私を見つめながら、懸命にこの状況を理解しようとしているのが感じられた。私は黙ってそれを観察していたが、今度は私が戸惑いを覚えた。目の前にいる叔父が、ゆっくりと交互に、二人の人物に、繰り返し入れ替わっていく。それは先ほど、ブルースが釣りの場面を描写したときに、一瞬だけ現れた、もう一人の叔父の姿だった。目の前に存在するボディは一つなのだが、二人の人物が交互に入れ替わっていく。この初めて見る現象に戸惑いながら、面白いなぁ

と思い、黙ってそれを眺めていた)

ブルース：今度は、私がこの場面から離れて行きます。彼とケンを二人にして、この場を去ろうとしています。

通常私は、メタファーとして表現するのが普通なのですが、この場面は、違うものを感じています。この場所は本当に存在していて、彼は本当にそこにいたのだろうという感じがします。これはメタファーではなく、彼のオフィスも、このレストランも、全部本当に存在している場所という感じですね。

私はもう完全に、レストランの場面から消えてしまいました。もう観察もしていません。でも、二人がまだそこにいるのを感じます。

ヘルパーに、何か追加情報があるか、聞いてみますね。

釣りをする道具が見えます。趣味・娯楽なのですが、スポーツフィッシングとして、楽しんでいたのだと思います。この釣りのイメージは、かなり鮮明です。もしかしたらこれも何かのメタファーを見ているのかもしれませんが、これはメタファーというよりも、確固たるイメージに思えます。本当に起きたことを見ているのだろうと思います。もしかしたら家のどこかに、その写真や道具が置いてあるんじゃないでしょうか。

ケンはこの男性（オフィスからレストランに行った叔父）のことを、かなり心配していたのが伝わってきます。彼が亡くなる前後に、とても心配していたことが伝わってきます。彼が亡くなった後も、とても気にかけていて、ケンは既に、彼のことをレトリーバルしていました。彼の大部分は、レトリーバルされていましたが、習慣だけが残ってしまっていたようです。日常的に続けていたことが、まだ繰り返されていたのですね。

ヘルパーが言うには、「これが最後の側面で、これは最後まで残ってしまった欠片《かけら》を、集めているような感じですよ」と、言っています。

ケン：これもやはり、名前を書いた人物とは別人なのですが、とってもよく知っている人です。私の叔父です。

ブルース：名前を書いたのは、叔父さんではないのですね？　でも私たちが訪問したのは、叔父さんなのですね？　この男性が亡くなる前に、ケンがとても心配しているという感覚が、何回もよぎってきました。

ケン：亡くなる直前の最後の二ヶ月くらいは、毎週末、会いに行きました。

レストランの場面ですが。ブルースが「ケンが来ました」という少し前に、自分もその場面に合流してみたくなって、介入してみようという意図を定めました。

ブルース：まず初めに受け取った感覚として、「ああ、ケンがやって来ようとしているなぁ」と、その感覚がありました。「ケンがもうすぐ来るなぁ」と、その感覚を受け取った後、すぐにその感覚は手放したのです。それからまもなく、ケンがレストランに入って来るのを見ましたが、「ケンが介入しようとしている」という、確固たる感覚がありましたね。でもそのときに、「ああ、ケンがやって来ようとしている。どこだ？　どこだ？」とは、しないんですね。「ああ、ケンが来るんだな」という感覚は受け取っても、そのまま会話を続けるようにしています。

ケン：これは初めての経験だったので、とても面白かったですね。こんなことができるんですね。これはきっと、ある程度の経験を積んだ人であれば、可能なことですよね？

ブルース：そうですね。適切な言葉が他に思い浮かばないので、サイキックという言葉を使いますが、サイキックな人との間では、これが可能になりますね。

まず介入しようという意図を放つだけで、その感覚を受け取ります。

レベッカとのパートナー探索は、こういう風にして始まったのです。最初にレベッカが介入して来て、この状況が成立したのです。それからパートナー探索というのが、始まりました。パートナー探索は、お互いを認識していないと成立しませんよね。（レベッカはブルースの尊敬する人物であり、非物質世界のことを教えてくれたマスターでもある）

ケン：これはとても面白いですね。

ブルース：この男性の外見的な特徴で、ちょっとわからないことがあったのですが、教えてもらえますか？　わりとがっちりとしていて、恰幅の良いイメージのときと、でもそういう風には見えないときもあったのですね。これはどういうことだろうと思って。実際のところはどうだったんですか？

ケン：ああ。叔父って言いましたけど、実は二人の叔父が登場してきまして、一つの身体なのですが、交互に入れ替わって現れていたんです。初めは、私も少し混乱しました。目の前にいるのは一人の身体なのですが、二人の叔父でした。一つの身体に二人の人物が、交互に入れ替わっていたんです。だからブルースが感じたように、体格も変わったのです。決して二人の人物が、同時に並んではくれなかったのです。これも初めての経験だったので、ちょっと戸惑いましたね。

ブルース：一人の人物から、別の人物にスイッチする感覚に、私も違和感を抱きました。まるで二人の人物のストーリーを、両方得ているような感覚。でも同じイメージの中で融合していたので、それには気がつきませんでした。

これはもしかしたら、ワークショップでも頻繁に起こっている現象なのかもしれません。シェアリングをしてみてよくあることは、外見的特長と、趣味や性格的な特徴が一致しないということです。この部分はあの人に一致するのだけれど、この部分は違う人に一致してしまうといったことは、これまでも、とてもよくあるケースなのです。こういったケースでは、もしかしたら二人の人物から、情報を受け取っていたのかもしれません。でも二人の人物から情報を得ているとは思いませんし、それに気がつくことはないでしょう。シェアリングのときに、情報提供者が、「あ、これは二人の人物です」と気がつくことが、むしろ稀なことだと思います。だから、「これは二人の人物から、情報を受け取ったものです」と、そういうケースがあるんだとわかったことは、新たな洞察ですね。

ケン：最初はやっぱり、自分でも戸惑いましたね。でも、一つの身体に二人でした。二人別々に並んで登場してくれたら、何てことないのですが。

ブルース：二人とも、元々名前を書いた人物ではありませんしね。もしも今度、二人の人物であるということに気がついたら、「あなたはこっち側に立ってください。そしてあなたはこっち側に」と、二人を別々にしてみることも、一つの案ですが、試してみてもいいかもしれませんね。果たしてそれがうまくいくかどうかは、わかりませんが。

ケン：それは面白いアイディアですね。

ブルース：最初のケースは、ワークショップでも、最もよくあるケースでした。名前を書いた人物と、得た情報の詳細が当てはまらない場合、でもそれが誰なのか特定できる、別の人物に当てはまるといったケースは、最も頻繁に起きていることです。

二番目のケースは、私たちの想像以上に、もしかしたら頻繁に起こっていた出来事かもしれませんね。スイッチングしている状態に気がつくことなく、二人の人物の情報を得ていたのです。例えその情報を得ていたとしても、混乱してしまい、正確な情報を得ているとは思えないでしょう。例えば容姿的な要素で、体格や髪の色が変わったり、性格的な要素や年齢や性別など、目の前で入れ替わってしまうと、話を二つ作り上げているのかも?とか、空想してしまっているのでは?と、混乱してしまうと思います。一つの身体から、二人の人物の情報を得ていたとは、思わないですからね。

ケン：確かにそうですね。これはブルースとでないと、それに気づくことはなかったと思うので、経験できてよかったです。

〈ケース3〉

今度は、やはり一冊目の本に書いた、若くして亡くなった従姉妹の名前を書いた。

ブルース：最初の印象は、若い人です。五歳というわけではありません。10代の後半から20代の前半です。若く、はつらつとした、そして同時に、これはメタファーなのですが、暗い雲がかかっていて、この人を取り巻いています。この人は若く活発で、友人に対しては、とてもハッピーで、明るく振舞っていますが、他の人には見せない内面には、暗黒の雲に包まれていて、とても辛い困難な状況にあります。これはとても対処できないような、これが原因で自殺してしまってもおかしくないような、悲しみに包まれています。この場合がそうだ（自殺してしまった）と、そう言っているわけではありません。ただ、そうなっていたとしてもおかしくないくらい、悲しみに包まれています。

この人は、一見ハッピーで、活発で、明るくしていますが、内面は、いつも晴れることのない深い闇の中に囚われているように思います。ただそのことを表には出さずに、若く幸せな女性でいようと、努力していますね。

今、電車が見えました。機関車ではありません。電車が迫り、通り過ぎ行くのを見ています。電車のイメージが消えました。

今、私の見ているメタファーや体験が、色付けされてきているような感覚があります。すごく気をつけて進めていかないと、推測によって、全然違う方向にいってしまいそうな感覚があります。想像や憶測に走ってしまいそうな感覚です。本当にそうなっているわけではなく、そういう状況に陥りそうな感覚、そういう印象があるのです。

今彼女は、両手を前に出しています。目の前の人の手を、取っているのかもしれません。

桜の木がたくさんあって、囲まれています。親しい友人といます。交際している人かもしれないし、交際したい人かもしれません。手を繋いで、歩いています。桜並木と、芝生があります。喜びに満ちていてハッピーで、両手を伸ばしてゆっくりと回っている、まるでダンスのようなイメージです。この場面の彼女は、本当に心からの幸せを感じます。

ヘルパーに、この人に対する情報と知恵と理解を求めました。

すると、彼女がとても小さいときの場面が現れました。何らかの虐待めいた出来事が起きています。この出来事によって、彼女を取り巻く暗い雲、晴れることのない深い闇が、形成されていったのではないかと推測します。この出来事によって、どれだけの幸せを感じても、彼女の心に消えない深い闇となり、彼女が心から喜べなくなっているのだと感じます。自分が幸せになることに、罪の意識を感じてしまうような、彼女が感じるべき喜びを奪ってしまうような、そういう感情が芽生えてしまった、深い闇となる出来事です。

彼女の人生の20代において、心から結婚を望む相手に出会ったとき、それを不可能としてしまった出来事が起こり……。

文化的な信念が、背景にあるのかもしれません。道徳観かもしれません。結婚をすることが、不可能となった何か。これによって彼女が、自殺をしたと言っているわけではありませんが、絶望的な深い闇が広がっていきます。不可能となってしまった何かによって、その絶望感がどんどん広がってきて、何か人工物、工業的にできたもの、そこで涙が頬を流れていきます。嗚咽するような、感情的な泣き方ではありません。深い絶望感に襲われて、悲しみに包まれ、涙が溢れ出してくるのです。

これはよい状況には感じないです。とても悲しい状況です。

電車のイメージが、ちょくちょく現れます。その電車に、誰かが跳ねられるイメージもあります。このイメージも、メタファーかもしれません。とてもとても、悲しいです。

ヘルパーがこの場面に、介入してきました。人間というよりも、光のような存在です。この場面に介入して、彼女の感情を解消するために、愛のエネルギーを送っています。なぜかと言うと、彼女がこの感情を解消するには、とてもたくさんの愛のエネルギーを必要とするからです。「この光の存在はライトビーイングですね、とてもたくさんの愛のエネルギーを送っています。彼女の感情、信念を解消するために、愛のエネルギーを送り続けています。このライトビーイングは、ケンだと思います。黄色っぽい、明るい光のライトビーイングになって現れたケンです。彼女をこの状況から救うために。とても悲しいです。

また場面が変わりました。その出来事（亡くなる場面）が起こる一分前か、三十秒前にいます。今、その場面が書き換えられているようです。ヘルパーが、彼女に「それで亡くなる必要はないよ」と、その場面を書き換えています。その出来事が起こる少し前から、彼女の記憶が書き換えられているようです。そうすると、その抱いていた感情や信念が消え、囚われることはなくなります。

これはレトリーバルの状況に非常によく似ていますが、こういう方法は、私も初めて経験します。このような方法で、レトリーバルをしたことはありません。

実際にその出来事が起こる直前に行って、その場面にヘルパーが介入し、彼女と会話を始めて、違う選択肢を選ぶことで、彼女の記憶も、書き換えられていきました。まもなく起こる悲劇を防ぐことで、絶望感に囚われることはなくなります。これはとても悲しい出来事、状況でしたが、今は違う現実になっています。

ブルースは、静かに涙を拭った。

ケン：この女性は、私の従姉妹です。彼女の父親は常に攻撃的で、いつからなのかは分かりませんが、おそらく小さい頃から、家庭内暴力のある環境だったようです。小さい頃に、「ケンの家の子になりたかった」と言っていたのを、覚えています。彼女とは、大人になってからも、とても仲が良かったです。彼女はオートバイの事故で亡くなってしまったのですが、自分の人生において、一番ショックを受けた「死」でした。これまでにも何度もコンタクトを取り、事ある毎に出て来てはいたのですが、あまりにも近い存在なので、自分の中でいつまで経っても疑念を払拭できず、確信を得るのが難しかったのです。

ブルース：あまりにも身近な存在とコンタクトを取るときに、最も困難にさせるのはそこですよね。とてもよく知り過ぎているが故、検証も難しく、信憑性にも、疑問を抱いてしまうのです。

ケン：それで、お願いしてみようと思いました。

ブルース：今回介入してきた場面では、ライトビーイングとして、介入してきましたね。最初見たときには、すぐにはケンだと気がつかなかったのですが、その存在を見ている内に、ああ、これはケンだとわかりました。そして彼女に愛のエネルギーを大量に、たくさん送り続け、彼女の囚われている感情や信念を解消し、解放することができたのだと思います。自分でライトビーイングとなり、介入してみようと思ったのですか？

ケン：いや、ライトビーイングになって介入しようとは、思っていませんでした。

ただ彼女に、愛のエネルギーを、たくさん送る必要があると感じました。その想いだけで、後は何も考えずに、気がついたらそこにいました。とにかく彼女に、たくさんの愛のエネルギーを、送り続けました。

これまでは、本人をレトリーバルすれば終わりなのかと思っていましたが、彼女の一部である側面は、これはまだ取り残されたままだったのですね。彼女とはコンタクトを取っていたので、大丈夫なんだろうと、心配はしていなかったのですが、この認識は違っていましたね。ただ彼女の場合は、最も深い悲しみの感情であり、その感情が切り離され、取り残されてしまうということはわかるのですが、先ほどのレストランの場面では、本人と言うか、本体と言うか、大部分はレトリーバルされているのに、一部と言うか、側面と言うか、ただの日常的な習慣みたいなものでさえ、取り残されているんだということに、とても驚いています。

ブルース：そうですね。割とよくあることだと思います。習慣になっている日常は、無意識に繰り返されてしまう可能性もあります。

でも彼女の場合は、とても大きな側面であったと感じています。

私も以前は、本人をレトリーバルすれば、それで終わりだと思っていました。しかしウルフガングとの取り組みにおいて、そうではないことがわかったんです。一つの人格には複数の側面があって、それらは、レトリーバルが必要なケースが多いのです。

ケン：ああ、なるほどね。

ブルース：彼女の亡くなり方が気になるのですが、自分でオートバイを運転していたのですか？

ケン：いいえ違います。後ろに乗っていました。夏祭りの打ち上げでお酒がなくなり、ゲームで負けた二人が、バツゲームで買いに行かされたのです。そのゲームは、二人が負けるように仕組まれていました。その男性は、彼女が好きだったからです。彼女は最後まで、オートバイに乗ることを拒みました。街からは遠く外れた山の中の工業団地で、停車していたトラックに追突して、亡くなってしまいました。彼女には、結婚をするつもりだった男性が、他にいました。

ブルース：それは大きなトラックですか？

ケン：そうです。

ブルース：何度も電車が見えたのは、どういうことなのだろうと思っていたのですが、それですね。私が知覚していることと、想像に走ってしまいそうだと感じた違和感、トラックを電車と認識し、想像や憶測によって、全然違う方に進んでしまいそうな感覚があったのは、そこなんです。突然亡くなってしまったという状況はわかったのですが、電車のような大きなイメージもありました。

ケン：トラックの荷台と電車は、とてもよく似ていると思います。

ブルース：このメタファーは、自分の推測にズレていきそうだ、という感覚がありました。段々と推測に走りそうだと、わかる地点でしたね。感覚が違うんですね。一つは直感的な情報、自発的に受け取る感覚です。推測の方は、一つの推測から別な想像へと繋がり、それらの辻褄が合うことで、また別の推測へと、進んでしまうのです。この二つの情報は、感覚の性質が違うのです。体験をしているときに、その違いを見極めることは、極めて難しいことです。ハッキリ言って、不可能なくらいです。でも経験を積んでいくと、その感覚の違いに、気がつくようになってきます。直感的に受け取る情報は、必ずしもストーリー性があるわけではなく、関連性があるとは限らないのです。一つの場面から、唐突に別の場面に飛ぶこともあります。推測で創り上げていく情報は、すべての辻妻が合ったり、ストーリー性があったりするなと、感じています。

ケン：とてもよくわかりますが、確信を持って見分けるまでは、いかないですね。

ブルース：四人目をやる必要があると思いますか？

ケン：ああ、もう十分ですね。私も今、同じことを考えていましたね。

ブルース：これを始めたときは、最初はただ情報をもらってくるだけなのかと思っていましたが、思った以上に素晴らしいデモンストレーションになりましたね。

一回目は、ワークショップでも最もよくあるケースで、名前を書いた人物ではない人が現れ、二回目では、ワークショップで、もしかしたらこれもよく起こっていたのかもしれない、二人の人物から情報を得るということをしていました。そして最後のケースでは、初めて経験する、時間を遡るレトリーバルを体験しました。

ケン：私もとても面白かったです。他の人の体験中に自分が介入できるということが、初めての体験だったので、これは経験しておいてよかったです。二人の人物がスイッチするということも、知っておいてよかったです。それから、その場面に介入してレトリーバルをするのに、ライトビーイングとして介入できることも、時間を遡り、新しい記憶という現実を創り出すことも、初めて体験することで、本当に経験しておいてよかったです。

ブルース：私も経験できてよかったです。その出来事が起こるほんの三十秒前か一分前に遡って、記憶を書き換えたのです。これによって新しい現実が創られ、レトリーバルされました。今回経験したこれらの出来事は、同じような認識ができないと、不可能なことばかりでしたので、とてもいい共同ミッションになりました。

15. すべては探究者としての自分から始まった

ブルース・モーエン

私が五冊目の著書を書き終えてからの主な活動について、お話をします。

まずメインとなる活動として、皆さんのよく知っている、死後の世界の探索を主なテーマとした、ワークショップがあります。

オーストラリア、アメリカ、ポーランド、ドイツ、日本等、世界中で、これまでに数千人の人たちに、教えてきました。

この世界（非物質的な次元）のことを教えるということは、私の人生の最大のテーマでもあります。

ワークショップ以外の活動についても、代表的な取り組みを、いくつかご紹介します。

物質的な要素を失った後でも、非物質的に存在していることを証明する方法として、葉脈を使った実験にも取り組んできました。

最初に植物の葉を一枚、デジカメで撮影します。背景は真っ白い状態が良いのですが、撮影条件等の詳細については、私のウェブサイトで確認してください。

次に葉の一部を切り取って、再び撮影します。そして撮影された画像において、葉を切り取った部分に、技術的な処理を施します。256色のパターンを用いて加工をすると、切り取ったはずの部分に、非物質的な葉脈がまだ存在しているのを、写真を通して確認することができます。

この葉脈の実験については、ウェブサイトに掲載してありますので、技術的な情報も含め、詳細については、そちらをご覧ください。

さらにこの技術を応用したものとして、物質世界と非物質世界のインターフェイスを撮影することで、死後の存在や、宇宙人を撮影することも可能であると考えています。ある条件を満たせば、動画に反映することも可能です。霊界通信機のテレビバージョンになります。

その他にも、意図を放つだけで、電気のオンとオフを切り替えるスイッチの実験をしたこともあります。あの実験には成功しましたが、霊界通信機は、まだ試作品のまま、完成していません。

これらの取り組みの背景には、私のコアの部分が探究者としてあること、そして物理的現実における私が、エンジニアとしての一面を持っていることが、反映されていると思います。

どの取り組みにおいても、まず始まりは、自分の好奇心を満たすことが、きっかけとしてありました。

例えば、人間の死後の世界を知りたいという、自己の好奇心を満たすための強い欲求がありました。この取り組みを始めるにあたって、それがその後どうなっていくのかは、まったく考えもしていませんでした。自分を突き動かす衝動は、自らの好奇心だけでした。

しかし、いつしかそれらは、やがて人に教えたいという切望に変わっていったのです。

ウルフガングとの取り組み

ここ数年の活動で、最も特筆すべきものは、ドイツのサイコセラピスト、ウルフガングとの取り組みでしょう。

精神的な問題を抱えている人たちを、内面を通して癒していくことで、改善していく方法に取り組んでいるのです。

ウルフガングが、最初にワークショップに参加したときには、まだ公営の医療機関に属していました。精神的な問題を抱えている人たちのセラピストとして、活動していました。2005年か、2006年くらいだったと思います。

彼がワークショップに参加した理由は、ある特殊な事情を抱えた、一人のクライアントを理解するためでした。

そのクライアントは女性で、ある一人の男性にしつこく、しつこく付きまとわれていて、自殺願望に駆られてしまうくらいに、精神的に追い込まれてしまっていたのです。

やがて彼女は、自殺未遂をするに至りました。そしてウルフガングのところに紹介されて来た、クライアントだったのです。

ウルフガングが彼女を担当してわかったことは、彼女の母親も、同じ男性に付きまとわれて、悩まされていたのです。そして彼女の母親は、最終的に自殺をしていました。

さらに驚いたことに、彼女の祖母もまた、同じ男性に付きまとわれて、自殺に追い込まれていたのです。

ウルフガングの理解を超えていたのは、三世代に渡って女性に付きまとっている、この男性というのが、生存している人間ではなく、非物質的な存在だったことです。

一般的な常識で考えれば、精神科に限らずとも、医学的な見地からは、そのような存在を受け入れることはありません。しかしウルフガングは、この出来事を、単純に彼女の幻想として排除するのではなく、非物質的な存在が、物質的な存在に、実際に影響を及ぼすことが可能なのかどうか、その検証をしたくて、ワークショップに参加しました。

「こういった出来事というのは、実際に起こり得るのでしょうか？」と、質問を受けたので、「私の知る世界では、それは普通のことですよ」と、答えました。

そして「このケースでは、その男性をレトリーバルして、最善の場所に移行してもらうのが、適切でしょうね」と、伝えました。

このエピソードの結論だけを伝えますが、この男性をレトリーバルすることで、この女性の問題は、解決に至りました。ここで問題だったのは、この男性は、レトリーバルされる必要があったのと、それまでに二人の女性が犠牲になってしまっていたこと、そして、三人目も狙われていて、犠牲になってしまいそうだったことです。しかし、この男性をレトリーバルすることによって、この問題は解消されました。このときは、たぶん私が、レトリーバルをしたのだと思います。でもレトリーバルすることによって、問題が解消されたことがわかると、ウルフガングは、この世界に対して、非常に興味を持ち始めました。

このときのワークショップには、同僚たちと参加していたので、その仲間たちとチームを組んで、パートナー探索を始めるようになりました。難しいクライアントに対して、どんな問題点があるのか、皆で非物質的に探索するということを始めました。

私との取り組みは、以前は毎週水曜日に、スカイプにて遠隔セッションを実施してきましたが、今は体調の良い水曜にだけ、実施しています。対象となるクライアントは、一人だけのときもありますが、だいたい三人くらいまでです。

この取り組みを続けていくうちに、ウルフガングは、自己の側面の存在というものを、認識するようになりました。さらには、側面が側面を有しているケースがあることも、わかってきました。

自己の側面とは、自分から切り離してしまった感情や記憶ですが、普段は、それらは潜在意識へと追いやられています。しかし、何かそれらを刺激するものがあると、潜在意識下の側面が、それに反応し、共鳴してしまいます。自分でも認識していない自己の側面が、自分自身へ影響を及ぼしてしまうのです。

やがてウルフガングは、より困難なケースにおいて、自己の側面という概念を取り入れて、対処するようになりました。初めの頃は、20％くらいのクライアントが、何も手の施しようがないと感じていたのですが、自己の側面の概念を取り入れることによって、それは半減していきました。

これまでの経験から、多くのクライアントは、問題が解決したように思われても、しばらくすると、再び同じ問題で、またやってくるというサイクルがあるのを、知っていました。一見改善したように思われても、長期的に経過を観察してみると、多くの場合は、症状が一時的に緩和しているだけであり、時間が経過すると、再び同じ問題でつまずいてしまうのです。

これまでの一般的なセラピーでは、セッションを通して、そのクライアントの自己認識を変えるのですが、問題の要因である自己の側面に対しては、何も対処をしていませんでした。それらは潜在意識へと追いやられるだけで、根本的な問題は解消されてこなかったのです。自分から切り離してしまった感情や記憶は、潜在意識の奥深くへと追いやられただけであり、決して、自分から完全に切り離すことは、できないのです。従って、その側面を触発する出来事に遭遇すると、再び同じ問題が、起きてしまうのです。

ウルフガングが、側面の問題に対処するようになってからは、問題の要因が解消されることにより、再び同じ問題を繰り返すことがなくなりました。多くの場合は、この側面の問題に対処することで、解消されました。

この側面の問題に取り組むようになってからわかったことは、より困難なケースにおいては、より複雑な側面の問題を抱えている、ということでした。

一つの側面の問題に対処してから、数ヶ月から一年もすると、今度はまた、違う側面が浮上してくるという、ケースがあることでした。それらは、既に解消された問題とは、また違った感情群でした。多くの場合は、既に解消された側面の側面であったり、元の問題の影に隠れていたので、一つの側面が解消されるまで、浮上してこなかった問題でした。

側面の問題の対処は、一度で済むこともあれば、数回必要な場合もありました。

ウルフガングと、このような取り組みを続けてきたことで、私自身も知らなかった、自己の側面の抱える問題について、多くの発見がありました。

レトリーバルを始めた最初の頃は、本体（本人）をレトリーバルすることで、すべてが解決されるものだという認識でした。しかし自己の側面は、一緒にレトリーバルされることなく、取り残されてしまうのです。さらにわかったことには、自己の側面をレトリーバルしても、側面の側面は、一緒にレトリーバルされることなく、取り残されているのです。

自己の側面のレトリーバルという概念は、私のワークショップのエクササイズにも、以前から組み込まれていますが、ここで述べているのは、精神を病んでしまうほどの非常に重篤なケースになります。

ウルフガングは、私と同じように、証拠を求めて検証し、分析するタイプの人間であり、その道のスペシャリストでした。

側面の問題に対処し始めた最初の頃に、一つわかったことがありました。側面をレトリーバルすると、ある場所に導かれるのです。そこは、それらを癒すための場所であり、必要なケアをするためのすべてが、サポートされているのです。そこで癒された側面は、再び自分自身へと戻って来るのです。切り離されてしまった感情が癒され、再統合されるというプロセスを経験するのです。そのプロセスというのは、瞬時に起こることもあります。時には一回のセッションで、自己の側面のレトリーバルから、再統合までのプロセスを経験する人もいます。より全体としての自分自身を取り戻し、人格さえも変わる場合もあります。

この側面の問題はとても複雑で、側面が側面を有しているケースもありました。ある成人男性のケースですが、彼の側面は、四歳の男の子でした。しかし、その側面を再統合しても、側面の側面が存在していたので、彼の大部分は再統合されましたが、まだ完全なものではありませんでした。このような場合は、再びその側面の側面をレトリーバルするまで、問題は解消されません。

この自己の側面の問題からは、非常に多くのことを学びましたが、中には驚きと狂気に満ちたエピソードもありました。

自己の側面の問題に対処するようになってからは、鍵のついている個室に隔離されていたようなクライアントでさえ、日常生活を取り戻し、社会生活が営めるまでに、回復できるようになってきました。

この取り組みを始めた頃は、非常に時間がかかりましたが、最近では洗練されたプロトコルによって、より短いセッション時間で、それが可能になってきました。

クライアントの一回目のセッションで問題になっていたことは、数ヶ月後のセッションでは、「そういえば、以前はそれが問題になっていましたね」と、もはやまったく気にならないくらいに、改善されるようになりました。

ウルフガングとは、長年にわたり、この取り組みを継続しています。彼は、私の用いるメタファーの特徴を、よく理解していますし、その解釈や分析能力に長けているので、この取り組みがうまくいくのだと思います。

私が非物質的に捉えるものは、完全に比喩的表現なのですが、ウルフガングは、その解釈が、とてもうまいのです。

例えば、ある女性を視てきて欲しいと依頼され、会いに行くと、そこには断崖絶壁に爪の先だけでへばりつく、トカゲが見えました。そのことをウルフガングに伝えると、彼は「ああ、彼女は今まさにそういう状況にいるんだよ。ギリギリのところで踏み止まっているんだ」と、教えてくれます。それによって、次に見たときにはトカゲではなく、崖っぷちに立つ女性を認識できます。普通は、崖にへばりつくトカゲを見たと言っただけで、「何を言っているのだろう?」と理解できずに、終わってしまうのではないかと思います。

彼の解釈と分析がなければ、発展性がありませんでした。

また、ヘルパーにサポートを依頼するにあたって、非常に正確に意思表示をすることが、とても大切なことであると、ウルフガングは気づいたのです。クライアントの様々なケースに応じて、それに対応することのできるヘルパーに、アファメーションをします。

「この問題に協力する意思と能力があるヘルパーに、サポートをお願いします」と、アファメーションをします。このアファメーションをする以前は、途中で問題に対処できなくなり、もうどうしたらよいかわかりませんというケースがあったのです。その場合は、途中でもっと能力の高いヘルパーに、引き継ぐ形になりました。ですから、意図を定めるときに、より注意して、正確に意思表示をするようになりました。

あるとき、ウルフガングが一人でこの取り組みをしているときに、「この問題のレベルに対応できるのは、もう私たちの中にはいません」と、ヘルパーに告げられました。

クライアントを誘導瞑想で導いて、クライアントは見ているものを口頭で伝えていたのですが、(この問題に対応可能な存在が必要である)と、ウルフガングは考えていました。

すると、「光の粒子が自分に向かって近づいて来ました」と、クライアントが伝えてきました。小さい光の玉で、それは、クリスマスツリーの電飾のようなものでした。その光は、クライアントの周りを、丸く囲みました。これはライトビーイングという存在で、このときが初めて、ウルフガングが、その存在たちにサポートをしてもらったケースでした。

それから、その存在たちのサポートが始まりました。

この存在は、私の本にも書いていると思いますが、純粋な無条件の愛の場所に、【天使の国】と呼んでいるところがあるのですが、そこにいる存在たちだと思います。

今ではこの存在も、通常のプロトコルに入っています。

ウルフガングとのスカイプのセッションにおいて、ライトビーイングを観察する機会があったのですが、そのときは何百という存在が、光の領域を創って、クライアントを包み込んでいました。

側面には、創り出されてしまうニセの側面もあるということに、最近気がつきました。セラピストが治療としての対話で、例え話で導いていくと、クライアントはそれだけでも、自分の中にその側面を創り出してしまうのです。インナーチャイルドや退行催眠のように、治療を目的として導いていても、その例え話がクライアントの中で創り出されてしまい、実際には存在していなかったものが、ニセの側面として現実化してしまうのです。当初の根本的な問題である側面が統合されることのないまま、新たにニセの側面を創り出してしまうと、側面の問題がより複雑化してしまい、治療をさらに困難なものにしてしまいます。

しかし多くのセラピストが、この問題を知らないまま対処をしているので、根本的な問題の解消を、より難しくしているのです。

ウルフガングとは、もう何年にもわたって、こういった問題に取り組んできました。

パフボールマン

このウルフガングとの取り組みの中でも、最も複雑で、特殊なケースをご紹介します。それは驚きと、狂気に満ちたエピソードです。

私に依頼する前に、ウルフガング自身が、いくつか自己の側面をレトリーバルしたにも関わらず、あまり効果の見られないクライアントがいるということで、私たちのセッションで、そのクライアントを視ることになりました。

私たちのセッションは、いつものように、スカイプにて行われました。

この取り組みを行うときには、この状況に対する理解と、知識と、知恵を、私にもたらしてくださいと、毎回ヘルパーにお願いをしています。

意図を定めて、私がその男性に会いに行くと、その男性のオーラは、左肩に、裂け目のような傷口がありました。そしてその左肩にあるオーラの裂け目に、パフボール（ホコリダケというキノコ）のようなものが、生えているのが見えました。その様子をウルフガングに伝えると、実際にその男性は、常に左肩の辺りに、何かしらの症状を訴えていることを、ウルフガングは把握していました。

「それでは次に、もっと全体をスキャンしてください」と指示されたので、パフボールマンの全身をチェックしてみました。すると、左肩に生えていたものよりも、もっと小さいパフボールが、右脇腹、ちょうど肝臓の辺りにも、いくつか生えていることに、気がつきました。

「このパフボールは、いったい何を象徴しているのか、見出してもらえないだろうか？」と、ウルフガングにも解釈ができない、パフボールの正体を、探るように頼まれました。

・・

あるときのセッションで、パフボールにチューブ状のものが、繋がっているのが見えました。ウルフガングは、「そのチューブを辿って行って、どこに繋がっているのか、源を確認して欲しい」と、言ってきました。

チューブを辿って行くと、トカゲのようなヒューマノイドが、そこにはいました。その存在を、初めはトカゲのように認識したのです。これは、私の解釈者の覆いかな？と、感じながらも、どうして2本足で立てるのだろうと考えていたら、フォルムがトカゲというわけではないのだと、わかりました。肌の質感が、まるでトカゲのような皮膚だったのです。手足は、人間と比べると少し異質でしたが、解釈者の覆いを何段階か経て、段々と見え方が変わっていき、最終的にトカゲ型のヒューマノイドになりました。

そのトカゲ人間に、いくつか質問をしてみました。

するとトカゲ人間は、その質問に答えてくれました。

こうしてコミュニケーションが取れるということは、非常に知的で、人間に近い存在なのかな？と感じ始め、できる限りの情報を得ようと思いました。そして気がついたのですが、このトカゲ人間は、エイリアンであることがわかりました。

このエイリアンは、ある次元に単独で存在していました。他の存在は、感じられませんでした。いくつもの次元を旅している存在で、その旅の途中で、地球のエネルギーフィールドにいたのでした。おそらく、たまたまそこにいたわけではなく、動物の嗅覚が優れているように、引き寄せられるエネルギーや、共鳴するものがあるからこそ、そこにいるのだという印象を持ちました。


「そのパフボールは、私の食べ物です」と、エイリアンは答えました。

エイリアンが言うには、「あの男性の肩に、ちょうどよいスポットがあったので、種を撒いただけで、後でまた、収穫をするつもりだった。実際にパフボールを食料としているのではなく、あの男性が発している感情エネルギーが栄養源となり、それを食料としているのです。男性の左肩に植え付けられたパフボールは、体内に触手のように根を張り巡らせて、それらの感情エネルギーを吸収し、蓄えていたのです」と、教えてくれました。

このエイリアンには、まったくの悪意はなく、畑に種を撒くのと同じように、豊かな土壌があったから植え付けただけである、とわかりました。

あの男性が発している感情エネルギーを、食料源としていたのです。

状況を把握した後で、事情を説明しました。

「これは、あなたにとっては栄養源かもしれませんが、この男性にとっては、問題になっているのですよ」と伝えると、「それは大変申し訳ないことをした」と、謝ってきました。

このエイリアンは、男性的な印象があるので「彼」と呼びますが、彼は、「問題になっているのであれば、取り除き方を教えます」と、言ってきました。

彼が言うには、「ただ、引っこ抜いたのではダメなんです。細かく張り巡らされた根っこが、男性のエネルギーに繋がっているので、それらも除去する必要があります」と、除去の方法を、事細かく教えてくれました。この説明だけでも、二時間以上はかかりました。

詳細は忘れてしまいましたが、まずパフボールを最初に取り除きました。そうすると、傷口が現れました。その傷口から中を覗くと、張り巡らされた根っこのネットワークシステムが見えました。除去する方法として、外からはできないので、中に入る必要がありました。男性のエネルギーフィールドの中に入り、その毛細血管のように細かいネットワークシステムの一つ一つを、取り除いていきました。分解して繋がりを断つことで、それらは、灰のように消えていったのです。

この作業には、しばらくかかりましたが、彼（トカゲ人間）も一緒に、その作業を手伝ってくれました。

この作業を終えると、パフボールとその根っこは消えましたが、傷口は残りました。この問題の対処を終えると、もう一つまた、別な問題があることに、気がつきました。傷口からもう一つ、別なチューブが繋がっていることに、気がつきました。

それは、黒っぽい色をしていました。そのチューブもまた、源がどこに繋がっているのか、確認をして欲しいと、ウルフガングに指示されたので、チューブを辿って行きました。するとそこには、亡くなった人間たちがいました。その存在たちは、黒っぽい暗いエネルギーを発していて、あまり好ましくない印象を持ちました。

そこにいた存在たちの中で、最も強力なエネルギーを発していたのは、司令官のような立場の存在でした。

パフボールマンの抱えている大きな問題の一つは、外出をすることができなくなっていたことなんです。それは、常に誰かに見張られているような感覚があり、または脅されているような脅迫観念も抱き、それらの妄想に取り憑かれていることだったのです。

この司令官のような強力なエネルギーを発している存在から、恐れや、脅迫のエネルギーが、発せられていたのです。パフボールマンが家を出ようとすると、司令官のような存在が、恐れや脅迫のエネルギーを送ってくるので、恐怖に怯え、外出することができなくなってしまっていたのです。

パフボールマンを、コントロールしようとしている存在でした。

ウルフガングは、「司令官のような、その一番強力なエネルギーを発している存在の正体を確認してきて欲しい」と、指示をしてきました。

その存在は、第二次世界大戦時に存在していた人物であると思われました。

強制収容所の司令官的な立場の人間でした。

その存在は、意味もなくユダヤ人を殺すことを、日常的にしていたのでした。狙撃銃を手に取り、強制収容所で作業をしているユダヤ人の一人に、適当に狙いを定めて、無作為に殺すのです。その行為をすることに、喜びすら感じていたのです。

さらに探索を続けていくうちに、パフボールマンも、彼を構成している前世の一部では、同じようなことをしていたのだとわかりました。そのような行為は、彼にとって、遊びでしかなかったのです。

これらの情報をウルフガングに伝えると、パフボールマンは、幼少期からナチスに憧れていて、今でもナチスに深く傾倒し、ナチス関連の本を愛読書としているのだと、教えてくれました。

ですから、パフボールマンと、彼に繋がっていた司令官とは、引き寄せあう思想があり、共鳴する感情エネルギーによって繋がっていたのだとわかりました。

また、この司令官とは別に、パフボールマンに繋がっている、三人の存在がいることもわかりました。この三人は男性ですが、司令官とはまた違うエネルギーを、発していました。この三人の男性は、パフボールマンが前世において、遊びで、無作為に殺してしまったユダヤ人だったのです。

彼らは、《絶対に許さない！》という強い信念を抱いて、パフボールマンに取り憑いていたのです。自分たちが死んでいることには気づかずに、強制収容所から脱走に成功したと思い込んでいました。復讐をするために、司令官と同じエネルギーを発している存在を辿って行くことで、現在のパフボールマンに繋がったのでした。同じ信念を抱いている、現在のパフボールマンに、復讐をするために繋がっていたのです。

この三人が及ぼしている影響は、パフボールマンの日常生活を、破綻させるほどでした。パフボールマンが何か行動をしようとすれば、「殺すぞ！」とか、「撃ち殺してやる！」

とか、死の恐怖に囚われるほどに、頭の中で叫び続けたのです。

その他にも、パフボールマンに影響を及ぼしている存在はいましたが、グループではなく、個人で繋がっている存在でした。

まず、パフボールマンに繋がっている、レトリーバルされるべき存在たちを、レトリーバルすることから始めました。しかし、完全にパフボールマンから切り離すことは、うまくいきませんでした。それは一時的には成功したかと思われましたが、何度パフボールマンから切り離しても、長年の間に培ってしまった彼の思想や信念によって、自ら呼び戻してしまい、再び繋がりを取り戻してしまうのです。

そこで今度は、彼のオーラの傷口を塞ぐことを試みました。傷口を塞ぐために使用したエネルギーは、ピンク色をしている粘性のあるもので、それを塗ることで、傷ついているオーラを塞ぎました。これをすることによって、再び侵入することができずに、居心地が悪く、ずっと繋がっていることが困難になっていったのです。

パフボールマンの思考を支配していた恐怖の存在たちは、これをすることによって、ようやく繋がりを断ち切れるようになってきました。

パフボールマンのオーラの傷口に塗った、このピンクのエナジーは、無条件の愛のエナジーで創られていました。

ここまでで、おそらく、五回程度のセッションを、していたと思います。

パフボールマンが、ウルフガングのセラピーを受けていたある日のこと、自発的に、「私の中に別な存在がいます」と、言ってきました。

その存在は、女性でした。彼の認識していた存在は、キリスト教の聖母マリアを象徴しているような存在でした。彼はその存在から、これまでに認識したことのない、愛を感じたのです。

そして、「マリア様とメイクラブすることは、許されると思う?」と、聞いてきたのです。マリア様から送られる愛のエネルギーを、パフボールマンは、性的な表現でしか解釈することができずに、そのように受け取っていたのです。彼はまさに性行為として、その愛のエネルギーに繋がりましたが、マリア様はただ、愛のエネルギーを送り続けただけなのです。それでも結果的には、これまで以上に長い時間、愛のエネルギーに繋がり続けることができているので、表現の違いはあれど、それを容認することにしました。

この愛のエネルギーに繋がることができるようになってからは、彼の思考を支配していた存在たちは、彼に繋がり続けることが困難になっていきました。

初めの頃は、思考を支配する、その存在たちの声と、マリア様の愛と、どちらを選択しようかとパフボールマンは迷っていましたが、最終的には、マリア様の愛を選択することで、その存在たちが彼の扉をノックし続けても、彼が扉を開くことがなくなっていったのです。

この頃から、パフボールマンに劇的な変化が見られるようになりました。特に対人関係において、接し方が大いに変わっていったのです。

ここまでで、だいたい二年くらいを、費やしています。

パフボールマンにとって大きな問題となっている、多くの側面に対処していくと、やがてそれまでは隠れていた小さな側面が、顔を出してきました。

パフボールマンは、幼少期に両親が離婚をしているのですが、彼の父親は、あまり良い親ではありませんでした。

彼は父親の愛情を感じてみたい、という感情を抱いていたのです。

それらの小さな側面も、一つ一つ癒されて、再統合されるプロセスを歩んでいます。

パフボールマンは、非常に豊かなイマジネーションの持ち主であり、想像力の中で遊ぶことさえ、簡単にできてしまいます。

例えば、「ユニコーンの背中に乗って空を飛んでみて」とウルフガングが言うと、とても明確なヴィジョンを見ることができるのです。イマジネーションの中の存在と、コミュニケーションを取ることさえ、容易にできてしまいました。
しかし、自らの側面をレトリーバルするということに対しては、とても否定的でした。そんなものは自分の創造だからできるわけがないと、受け入れようとはしませんでした。

パフボールマンのケースは、まだ経過観察中ですが、多くのクライアントが、これらの取り組みによって改善が見られるようになり、回復していったのです。

本人の了承を得ることなく、この取り組みを始めたので、倫理的にもギリギリであろうと認識していましたが、精神的な問題を抱えている人たちにとって、これらの取り組みは、大いに成果をあげています。

私はこれらの活動について、いつかどこかで発表したいと考えていましたので、そのような機会を得ることができて、とても嬉しく思っています。

また今回、ケンと一緒に原稿を書き上げるという共同ミッションに取り組むことができて、この原稿がケンの本に掲載されることにも、大いなる喜びを感じていますし、大変光栄に思っています。

16. 共同ミッション for Workshop

ワークショップを始めてみて、参加者の皆さんからの体験を聞くことで、新たな視点に気づくことが多く、私自身も貴重な時間を過ごさせてもらっています。

ワークショップを通して、これまでに感じてきたことで、これを読まれる皆さんにも共通するであろう、参考になりそうないくつかのことについて、ここで少しシェアさせていただきます。

知覚について

知覚について、少し説明をします。知覚とは、非物質世界を認識する感覚です。

非物質世界とは、私たちが肉体を有したまま認識できる世界ではなく、意識の世界であり、エネルギーの世界とも言えます。私たちが存在している物質世界とは、違う意識領域（次元・密度）に存在しています。

私たちが存在している物質世界も、非物質世界も、多次元からなり、意識はすべての次元に存在しているのです。

例えば、人間の意識領域を訪れたとします。そこでは肉体は有していませんが、たくさんの人間が存在しています。私たちが、いわゆる「死後の世界」と呼んでいる意識領域ですが、死者だけが存在しているわけではありません。私たち自身も、夢の中でここを訪れていますが、顕在意識として覚えていることは難しいようです。

この意識領域を訪れたとき、肉眼でこの世界を見るように物が見えるわけではありません。非物質世界を知覚しようとしたとき、自分自身がこれまでに培った信念体系が、大きな影響を及ぼしてしまうのです。

非物質世界における知覚とは、すべてメタファー（比喩的表現）になるので、それを知覚した人のフィルター（信念）によって解釈は変わり、それぞれ違ったメタファーで表現されることになるのです。

非物質世界で知覚したものをどう認識するかは、すべて自分のフィルター（信念）を通した解釈になります。ですから、まったく同じものを認識していても、フィルターによって表現は変わるのです。

例えばですが、数人の人が同じ赤い丸い球を知覚したとします。おぼろげに「丸い赤い何か？」であることを、認識します。しかしそれぞれのフィルターによって、メタファーは変わるのです。赤いボール、赤い風船、赤い毛糸玉、日の丸、リンゴ、トマト。

このように、同じ物を見ていたとしても、それぞれのフィルターによって、解釈は変わってしまいます。知覚したものの表現は、メタファーでしかないのです。

体験を視覚的なストーリーに限定してしまうと、本質を見落としてしまう可能性もあります。私たちの本質は、エネルギーなのです。

最も大切なことは、ヴィジョンとして具体的な出来事を見ることより、このワークショップの本質である、エネルギーを感じて、変容を受け入れることです。ただし思考がこのことを理解しようとすると、難しいかもしれません。思考が理解するよりも、体験として知ること（エネルギーを感じること）が大切です。

私のワークショップの参加者からは、「特筆すべき体験を得られたわけではなかったが、終わってから、毎日、何かとても幸せだなって感じるようになった」、「何ともいえない幸せな気持ちや安心感に包まれ、満たされた日々を過ごしている」、「終わってからしばらくの間、余韻がたまらなく心地好《よ》い」といった感想を寄せられることが多くあります。

こういった感覚が何なのかというと、皆さんが視覚的に捉えているわけではありませんが、ハイアーセルフのエネルギーに触れたことで得られる感覚です。

「ハイアーセルフ　コンタクト」というエクササイズがありますが、明確な体験として記憶されている方は少ないと思います。しかし皆さん、ハイアーセルフに繋がる感覚を、自分自身で体験されたからこそ、得られた結果（感覚）だと思います。

エネルギーを感じるなど、言葉で説明をしても理解することはできませんが、自分自身の体験を通して、ちゃんと知ることができます。ハイアーセルフのエネルギーに繋がると、安心感や至福に満たされます。そこには、『不安』や『恐れ』といった感情は存在しません。『不安』も『恐れ』も、【今この瞬間】には存在していません。それは私たちの思考、つまり想像の中の事であり、未来の出来事です。それらを手放し、人生はただ【今この瞬間】の中にあればいいというシンプルな視点に気づきます。

非物質世界の存在を、完全に信頼することができたなら、深呼吸を一つするだけで、探索できるようになります。ですから、リラックスして、エネルギーの調整をして、愛を感じて……といった手順も必要ではありません。何かに意識をフォーカスして、その状態をキープする努力が必要なわけでもありません。

必要なことは、ただ一つだけ。直感で得た情報を、信頼するだけです。

【信じている】から【知っている】感覚に変わるまで、証拠集めを繰り返し、どれだけ時間を要しても、継続することだけが、辿り着く唯一の方法です。すべての疑念を否定するまで、強固な信念体系を破壊するまで、ひたすら証拠集めを繰り返すしかないのです。

今この瞬間を意識的に生きること

ヘミシンクCDを聴いて独りで練習をしている人で、うまくいかないと思っている人は、自分には合わないと決めつけてしまうパターンもあるのではないでしょうか？

「体験済み＝知っている」

もしもあなたにこの感覚があるとしたなら、あなた自身が、変容することを受け入れる体勢になっていないと思います。（この音源は既に経験済みであり、何も起こらなかったことを知っている）という思い込み。顕在意識として、（これを聴いても何も起こらない）と思ってしまっていると、無意識にそういう意図を放ってしまいます。ましてや毎日熱心に聴いているのに、（何も起こらない）と思った状態で聴いても、惰性になってしまっているだけなので、そこに変容することを受け入れる意図はありません。明確な意図を持たなければ、何も変化が起こりえないのは、必然的な結果であろうと思います。

「体験済み＝知っている」＝「慣れ」

この感覚では、どれほどの時間を費やそうとも、おそらく難しいでしょう。

「慣れ」とは、非常に恐ろしいものです。私たちの思考を、麻痺させてしまいます。

「体験済み＝知っている」＝「慣れ」＝惰性の感覚で聴くのではなく、すべての瞬間に意識的でいることが、とても大切です。今無意識でしていることを、意識的にするのです。無意識や習慣や惰性でしていること、すべてにおいて意識的に生きるのです。

極論に聞こえるかもしれませんが、今呼吸をしていることも、当たり前ではないということに気がつくことです。無意識に生きることを、止めるのです。今この瞬間を生きていることは、決して当たり前のことではありません。何一つ当たり前のことなんてありません。道端に咲く小さな草花など、本来は気にも留めない、ありきたりの当たり前の光景です。小鳥のさえずりも、澄みきった青空も、ほとんど意識することのない瞬間です。「慣れ」てしまうことにより、今まで当たり前のこととして見落としてきたすべての瞬間を、意識的に感じてみることで、あらゆる瞬間が当たり前ではなくなります。

意識的に草花を見つめ、意識的に小鳥のさえずりに耳を傾け、意識的に空を眺め、意識的に風を感じて、意識的に今にあること。

ヘミシンクを聴くときも同じです。毎回意識的に、意図を定めて聴いてください。

自分の人生に起こることを許可できるのは自分だけですから、受動的な受身の姿勢では、何も起こりません。明確に意識して、能動的に行動してください。または、その意図を定めてください。何をするにも、アファメーション（肯定的宣言）をするのです。

意図を定めること。意識的に行動すること。自分の人生において、自分はどうなりたいのか、宣言するのです。無意識に生きることは、やめるべきです。

ヘミシンクの例え話から、大袈裟な人生論に飛躍していると思われるでしょうが、思考で理解しようとはしないでください。あなたの本質が、どう感じるかです。

私自身は、ヘミシンクはしていないので、停滞している原因について、最も想定しうる「慣れ」についてお話をしました。一つの例ですので、ヘミシンクに限定して解釈すると、万人を対象とした話ではありません。ただ解釈次第では、万人に当てはまるでしょう。

自分が変容することを受け入れなければ（認める・許可する）、何も始まりません。恐れを抱いていても、許可を与えないことと同じ意図を放ってしまいます。それが無意識であれ、変容することを拒む要因になってしまいます。

ワークショップのエクササイズにて、私やハイアーセルフがチャクラを調整しても、本人が拒めば、それ以上何もできません。自分の人生に決定権があるのは自分だけであり、どんな存在であれ、他人の人生の主権を侵すことはできないのです。

自らの意思で意図を放ち、望んだ結果を体験できるように、どの瞬間も意識的に過ごしましょう。

アファメーション（肯定的宣言）と、想いを手放すことの大切さ

自分がどうなりたいか、目的を持って意図を放つことをアファメーションと言います。

ワークショップに参加する動機の一つに、「できることなら信念体系クラッシュを経験し、

自分の世界観を一変させたい！」というような想いを抱くことも、とてもよく分かります。未知なる世界に好奇心を抱いているならば、当然のことでしょう。

何かをするときには、自分が何を望んでいるのか、意図を放つことは非常に重要なことです。でも意図を放った後は、その想いを手放すことの方が、実はもっと大切なのです。

ワークショップをしていて感じたことですが、おそらくほとんどの方は「想いを手放す」という感覚が、難しいのかな？と感じました。

想いとは、「期待」も「落胆」も、すべてを手放す必要があります。全くニュートラル・ノージャッジの空っぽな思考・感情で、エクササイズや意識領域の探索に望むのです。

探索中においても、（前回はうまくいったのに、今回は何も感じないな？）などといった思考が過《よ》ぎるかもしれません。特に体験中においては、一切の思考も感情も手放さないと、自分でも気づかない内に、思考が創り出したメタファーへと展開していってしまいます。体験をしている自分自身さえも、観察者の視点で観察し続ける姿勢でいることがポイントです。体「過剰な期待」まではいかなくても、「期待」を抱くことも「落胆」を感じることも、自分の体験をクリアなものにする妨げとなるのです。

私のウェブサイトのお申込み画面において、「明確な意図を持ってお申込みされることを、お奨めします」と一言書いてありますが、これは、「意図を放ってください」という意味で、そのときに想いを込めて意図を放ったら、後は解き放ってください。サレンダーです。すっかり忘れるくらいで良いと思います。

自分が強く求めていることを解き放つという行為は、思っている以上に簡単なことではないと思います。本当はとってもシンプルなことなのですが、自分でも気がつかないくらい執着しているものです。

意図を放てば、後はもう顕在意識から消してしまいましょう。

これも私の経験から得た感覚ですが、私の場合はそうすることで、ブルースのワークショップで、非常に大きな変容を経験することができたと思っています。

私にはそれが必要だったからということ以上に、私が望んだスタンスが、他の人たちとは違っていたという感覚はありました。

過去にこの感覚のヒントを得られる出来事があったので、そのエピソードについて、簡単にお話をします。

10代後半から20代前半くらいだったと思いますが、年齢的な記憶は曖昧です。

（ギターが欲しいな）と思っていましたが、この当時の自分には、簡単に買える品物ではありませんでした。そんなとき、コンビニに置いてあったクロスワードパズルの雑誌の表紙に、ギターが写っていました。メインのプレゼントがギターで、「三名様にプレゼント」と書いてありました。

（あ、これに応募すれば貰えるじゃん！）と、クロスワードの趣味もないけれど、何の迷いもなくその雑誌を買って、応募しました。このときに、（絶対に当たる！）という変な確信がありました。（当たるかもしれない）でもなく、（当たってください）でもありません。まさにアファメーション（肯定的宣言）をしていたのです。

そしてハガキをポストに投函してから、ただの一度も、ワクワクも、待ち遠しさも、楽しみも、何一つ感じたことがありませんでした。投函してすぐに、もはやギターを応募したことさえ、すっかり忘れたのです。期待を抱くこともなく、本当にすっかり忘れてしまうくらい、想いは手放していました。完璧に顕在意識下から、抹消されていたのです。

それから三～四ヶ月後。突然届いた宅配便に書かれた品名の「ギター」を見ても、応募したことを思い出せないくらいでした。

「これ、ウチじゃないと思いますよ」と、受け取りを拒もうとしたのも覚えています。そして受取人に間違えがないことを確認し、差出人を見て『あ！』っと、やっと思い出しました。

このときの経験から、想いは手放して、完全に解き放つことが大切なんじゃないか？と思っていました。そのときの感覚はずっと覚えていて、ブルースのワークショップに望むにあたり、同じ感覚で意図を放ちました。そして意図を放った後は、顕在意識下からは、ゼロになるくらいのサレンダーです。

これを読んで頭では理解できても、自分で体験しない限り、本当の【知っている】にはなり得ないとは思いますが、（あ！）っと、ピンとくるものを感じてもらえたらと思います。

ほんとはとってもシンプルなことなのに、実践するのは簡単ではないと思います。

人間の脳は、感情を処理する上で物事を複雑化してしまいますし、止まることなく常に考え続けていますので、それを困難にしてしまいます。

数十年続けてきたこの習性を、どうすれば改善していけるのか？

瞑想をする時間がなければ、瞑想まではしなくても結構ですので、ゆっくりとした深呼吸を繰り返して、頭と心を瞑想状態にすることは、とっても有効なことだと思っています。

通勤中などの移動時間や、トイレの中、お風呂の中など、一人になれる数分間も、意識的にそれをしてみることです。毎日、毎日、ちょっとした空き時間に、ゆっくりとした深呼吸を繰り返し、心と身体を瞑想状態に近いものとするのです。単純に、とっても気持ちが良くなるということもありますが、お勧めします。

明晰夢を見るためのトレーニングについても同じことが言えますが、意識的に継続することでしか、人間の脳は学べないのです。

いつ、どんなときでも、ハイアーセルフに繋がっている安心感を信頼し、一切の不安を抱かないのも、同じようなことです。知識として【知っている】のではなく、自分自身が体験として【知っている】感覚になることが必要です。

自分をも意識的に観察することは、人生を豊かにするツールの一つとして有効です。自分を動揺させる出来事を経験したときほど、自分を客観視して、観察する視点を持つだけでも、状況は大きく変わります。自分の視点が変わるだけで、大きく変わるのです。

愛のエナジーについて

私のワークショップでは「愛のエナジー」を盛んに強調していますが、これは自分の経験上、それがあると非物質世界を知覚することが簡単になるというだけの話です。それがないと絶対にできない、というわけではありません。ただ、それを使わないで非物質世界にアクセスする術を知らないし、自分の知っている方法を共有しているだけです。

そしてエクササイズ中は、参加者の一人一人に、愛のエナジーを送り続けています。非物質的なエネルギーを知覚するために、それが助けになるからです。

私は、参加者の皆さんと非物質世界の存在たちとが、繋がりを得るための場を提供し、サポートをすることはできますが、体験そのものは皆さん自身がされていることです。決して私が直接的に何かをするわけではありません。確かにワークショップでもたらされるグループエナジーは、大変素晴らしい相乗効果がありますが、皆さんが体験されたことは、皆さん自身の力によるものです。

それでも結局、自分が知覚していることを信頼し、体験として受け入れることができるかどうかは、本人次第になります。

私は愛のエネルギーを感じるエクササイズにて皆さんのチャクラの調整をしますが、第四チャクラ（ハート）と第六チャクラ（直感）を開くことが目的です。この二つのチャクラを開くことによって、知覚力が断然高まります。この二つのチャクラが開いていることは、意識領域の探索において、非物質世界を知覚する上で、重要なポイントです。ただこのエクササイズでは、すべてのチャクラが調整されています。

非物質的なエネルギーを受信するためには、媒体が必要となります。私はそのために水晶を使っていますが、必ずしも水晶が必要なわけではありません。ただ水晶は、最も純粋にエネルギーを受信してくれる媒体でもあり、最適な物質だと思っています。

人間の脳は、休むことなく思考を続けています。良くも悪くも、次から次へと、様々なことを考え続けています。決して止まることはありません。

愛のエネルギーを感じるエクササイズで、ひたすら心地好く、満たされたような感覚を得たとしても、思考は、いつまでもそこに留まっていることはありません。残念ながら、思考が上回っている人間の意識とは、そういうものです。非物質的なエネルギーを受信するための媒体として、本来は自分自身でもよいのです。本当は人間を媒体とすればよいのですが、その状態で留まっていることには、努力を必要とします。

しかし水晶は、一度愛のエネルギーに繋がれば、そのエネルギーに繋がり続けています。思考に上書きされることもないので、同じ意識レベルに留まり続けています。

この【愛のエナジーを感じる】というエクササイズについて、「水晶を使おうと思っている」と、ブルースに話しをしていたとき、趣旨を伝えるまでもなく、「水晶はエネルギーを受信する媒体として最適な物質であるし、家に帰ってから一人でそれを練習するときにも、その水晶に触れることで、愛のエネルギーに繋がることをサポートしてくれるので、これはとても素晴らしいアイディアだと思う」と、絶賛してくれました。

ただ、『そのためには必ず水晶が必要だ』とか、『この手順でなければダメだ』とか、そういった誤解を与えることのないように、配慮して伝える必要もあると思っています。

意識領域の探索において、『これを使わないとダメだ』というものは、存在していません。もしもセオリーがあるとすれば、遵守すべき決まったルールや法則などは、存在していないということで、何かに頼ることも、必ず必要なものもないのです。

瞑想においても、座禅のように背筋を伸ばした姿勢で……が必要だとも思っていません。横になろうが、片肘をついていようが、自分がリラックスさえできれば、それがベストの姿勢だと思います。もしかしたら、人生を賭して鍛錬に励まれている方には、不謹慎な態度と受けとられるかもしれませんが、不真面目だとは思っていません。

信念体系クラッシュ（エネルギーの変容）について

私のワークショップ後に、「エネルギーの変容」を経験される方は、少なくありません。では「エネルギーの変容」とは、何が起きているのでしょう。これも表現次第になりますね。「信念体系クラッシュ」と表現してもいいし、「気づき」と表現してもいいでしょう。信念体系クラッシュとは、この世界で培った経験や知識などにより構築された信念が、まさに崩壊してしまうことです。

私というアイデンティティは、数十年分の体験や、知識や思想から構築されている信念体系であると言えます。私が培った信念体系こそ、私が何者であるのかを証明する、すべてであると思います。信念体系は、まさに私自身なのです。しかしこの信念体系は、物質的世界が唯一無二であるという価値観を根拠としています。

私たちが存在している物質世界だけでなく、非物質世界も存在しているのだということを否定できなくなったとき、とても強固な信念体系が、突然崩壊します。「この世界が唯一の世界ではない」という真実を知ることで、この世界の常識で構築された信念（価値観や絶対的に信頼していた世界観。文化・風習・知識・思想・偏見、いろいろな影響を受けて構築されていきます）が、崩壊してしまうのです。

私の場合は、まさに音を立てて崩れていくような、非常に激しいクラッシュを経験しました。これまで自分が経験してきたこと、一つ一つの記憶が小さな玉のようになって、まさに自分自身が粉々に砕け散ってしまったのです。

自分が何者であるか、自分というアイデンティティを証明するものとして、この世界で培った経験や知識は、物質的な世界での価値観で創られた信念でしかなかったのです。自分というアイデンティティを証明する根拠を、すべて失ってしまったことで突然襲われたとてつもない喪失感と虚無感は、例えようのない孤独と闇を感じるものでした。

自分が何者なのか？ いくら問い続けても、自分を証明できる根拠が、何もない状態。自分というものが何もない【無】になった自分が、この世界で日常に体験していることを、まるで他人事みたいに、ただ観察している。物質的な視点と、非物質的な視点の二つの視点から、同時に観察している。この世界の事象を、感情を体験する意識として。

二つの次元に同時に存在し、永遠を感じるほど、とても長い時間、虚無の中を漂っていたような気がした。それは何もない世界。自分が【無】である世界。

すべてを失って、たった一つだけ残っていたのは、【愛】という感情だけだった。自分は愛されている、という感覚。とても大きな愛に。その愛のエネルギーに繋がり続けることで、かろうじて自分を保っていることができた。そして、ただひたすら愛のエネルギーを感じ続けていることで、虚無だけしか感じなかった世界が、【愛】だけで埋めつくされた世界へと変わっていく。

このとき私に起こっていたことは、大きなエネルギーの変容でした。そして自分自身の再統合というプロセスを経験しました。物質世界で体験してきたすべての出来事が、粉々に飛び散り、今度はその一つ一つを、「愛」で包み込んでいくのです。辛く悲しいと感じてきた多くの出来事を、感情を外して観察し、再体験するような感覚です。辛く悲しいと感じてきたはずの出来事は、感情を外して観察することで、感情が作り出したドラマであることに気がつきます。それはジャッジを外した視点に、近いのかもしれません。

このプロセスにおいて、「葛藤（感情）を手放す」という感覚を得ることができます。葛藤（感情）を手放すとは、忘れることでも、放り出すことでもなく、愛で包み込み、受け入れることにあるのだと感じました。

信念体系クラッシュを経て、新しい自分へと変貌します。

新しい視点を得ることで、「気づき」を得たと表現できるかもしれません。「信念体系クラッシュ」や「エネルギーの変容」ではしっくりこない方でも、「気づき」と言えば、「思考」が納得できますね。「思考」が理解する上で、理に適った表現だと思います。

一方、「変容」とは「感覚」です。エネルギーの表現なので、「変容」と表現しても、「思考」では納得ができないでしょう。自分自身でも納得ができる「気づき」のように、明確な理解をもたらすことばかりではなく、ちょっとした違和感を抱く程度の本当に見逃してしまいそうな、「微かな変容」もあります。それでもエネルギーの「変容」は、確実に私たちを成長（意識の進化）させてくれます。

私たちの本質は「意識」です。「意識」とは、エネルギーです。

そしてもっとわかりにくいかもしれませんが、この世界は、エネルギーに満ちている世界なのです。私たち人間だけではなく、すべての存在はエネルギーなのです。

鳥も花も木々も水晶も、そして地球も、森羅万象すべてが。

「感情」もまた、エネルギーです。ポジティブもネガティブも。

私たちは、具現化されている物しか見えていませんが、本質はエネルギーです。形ある世界ですから、見えている物に目を取られてしまいます。それがすべてであるかのように、信念体系は構築されてしまうのです。

でも、私たちの本質は「意識」です。

そして私たちは「意識」を成長（進化）させるためにここ《地球》に来ています。

エネルギーの変容（信念体系クラッシュ・気づき）時に、肉体的に伴う症状について、少しご説明します。

まず、肉体的には「不快」と感じるような感覚を伴う症状が、いくつかあります。

- グラウンディングできていないような、浮遊感を伴うもの
- グラグラするような感覚や、グルグルと回転しているような感覚
- 自分の周りに、薄い膜があるかのような感覚のズレ、違和感
- 異常な睡魔
- 頭痛や、肉体的な倦怠感
- 何をしていても楽しいと感じない
- 虚無感、喪失感
- 食欲がない
- ボーっとしてしまう
- ここにいないかのような錯覚
- 理由はわからないが、涙が出てくる

・朝目覚めたとき、涙が出ていた
・朝目覚めた瞬間に、急に涙が出てきた
・感情のコントロールができない

その症状や程度には個人差がありますが、これらはすべてエネルギーの変容（信念体系クラッシュ）に伴う症状です。エネルギーの変容（信念体系クラッシュ）とは、明確な一つの症状ではありません。

何かわからないけど、ちょっと違和感がある……程度の見過ごしてしまいそうな感覚を抱くだけのものもあります。エネルギーの変容ですから、それはとても微かな感覚です。

どうしてそのようなことが起こるのかというと、エネルギーワークを体験することで、意識の波動・密度が上昇し、肉体的にも調整が必要になります。意識のバイブレーションが上昇したことで、肉体とのズレが生じるため、肉体の波動・密度を上昇させるプロセスを体験するのです。

もしもあなたがそのような感覚を抱いたとしても、どんな症状であれ、一切の「恐れ」は抱かずに、可能な限り「観察者の視点」を持って、自分に起きている「事象と感情」を記録してみてください。自分に起きている現象が何なのか知識があれば、恐れる必要はありません。恐れは無知なるゆえの衝動です。何も恐れずに、ただこのまま委ねていればいいのだと、自分に起きている事象を、観察してみてください。

私たちには、常にヘルパーが一緒にいます。ヘルパーとの繋がりを得たことで、エクササイズが終わった後も、ヘルパーたちが必要なプロセスを続けてくれています。

そこに何の事象が伴わなくても（何のストーリーや感情がなくても）、ただ涙が溢れるなら、そのまま身を委ねましょう。それは思考が生み出した涙（ストーリーや感情を伴うもの）ではありません。

朝目覚めたときに涙が溢れていたなら、そのまま身を委ねてみましょう。私たちは夢の中の出来事を覚えていることが困難ですが、感情はそれを記憶していて、正直に反応をしてくれます。

どんな症状が起ころうと、恐れを抱かないでください。

どんな感情に襲われようと、自分を責めないでください。自分を責めたいと感じたなら、それ以上に自分を愛してください。

物事がうまくいかないと感じるときも、自分も他人も責めないでください。

結果には、必ず要因があります。要因は、必ず自分の中にあります。

要因を外側に探さないでください。外側に要因を求めることも、他人を責めることも、自分で迷宮を創り出すだけで、また一つ不要な信念という壁を構築してしまいます。

自分や他人を責めたいと感じたとき、それ以上に愛を感じてください。

ヘルパーは、私たちがどんな状況になろうと、例えどんな感情を抱こうと、常に一緒にいます。決して離れていくことはありません。なぜなら、ヘルパーは自分自身だからです。

ヘルパーという言葉を使っていますが、ガイドでもハイアーセルフでも、どう呼ぼうが何でも構いません。明確に定義付けして、それぞれ別の存在とは考えていません。皆さん自身にとって、馴染みのある呼び方に置き換えて理解してください。

私たちは名前が必要な世界に存在していますが、それは表面上の問題で、重要なことではありません。

ジェリーバンド（ギャザリングスペース・フォーカス35）とエゴ

ハイアーセルフと繋がっていない人など、この世には存在していません。例えどんな境遇に生まれて来ようと、全人類、皆平等です。物質的な世界の価値観により、生まれ育った環境は違えども、ハイアーセルフとの繋がりは、皆同じ条件であり、閉ざされた意識の中へ、孤独という錯覚の中へ、皆生まれて来るのです。

地球に転生をして来るときには、誰もが目的を持って、約束の生を、この限られた時間の中で過ごすのだと思います。そして自分で決めてきた、役割分担のようなものがあります。それは組織的な階層のようなものではなく、目的のために、誰もが自ら選んできた役割。決して支配者は存在せず、そこには上下関係も存在していません。

あなたがハイアーセルフと繋がることを妨げているものは、いったい何なのか？

この物質的な世界で、肉体をまとっている自分（意識）は、たくさんのエゴを抱えています。顕在意識としては、それを認識していないかもしれませんが、人は誰でも、多くのエゴを抱えています。このエゴが、非常に多くの弊害をもたらしています。人生に混乱をもたらしているのも、エゴ。ハイアーセルフとのコンタクトを、困難にしているのも、エゴ。そしてジャッジ（善悪を判断）をするのもエゴ。

それでも、「エゴがあるから、ジェリーバンドの向こう側を認識することができずに、切り離された体験をすることができるのです。エゴは、物質世界に留まるための錨《いかり》です」と、リサ（サーシャ）は言っていました。

しかし、逆に考えると、エゴを手放すことができたなら、どれほど素晴らしい人生を送ることができるのか。エゴを手放すとは、やはり頭で理解するのは容易かもしれませんが、きっと生きている間は困難に等しいチャレンジと言えるでしょう。エゴとは顕在意識だけではなく、潜在意識の中にも存在しているのだから。顕在意識として、自分のエゴを認識している人の方が、少ないのではないかと思います。だからエゴを手放すことは、頭で理解できるような簡単なことではないでしょう。まず、エゴの存在を認識し、受け入れなくてはなりません。無意識（潜在意識）の中にも潜むエゴには、様々なものがたくさんあり、まさに、人間とはエゴの塊で構成されているとさえ思えます。

エゴの代表的なものと言えば、「執着」や「依存」があります。現代社会において、それは、「物欲」や「お金」が象徴的なものでしょう。そこにあるのは執着や依存だけではなく、「不安」や「恐れ」などの感情が伴っているものもあるでしょう。ネガティブな感情は、何も他人を対象としているものばかりではありません。過去の体験からくる痛みも、手放さなければいけない感情の代表格です。それから「特別な思い入れを抱いた人」のような人間関係なども、典型的な執着や依存の対象であり、最も多くの人が抱えているエゴではないでしょうか。

愛の表現が自己中心的に強く出てしまうと、独占欲などの一方的で歪んだ感情となり、執着へと変わっていってしまいます。一方的な表現でしかないのに、押し付けてしまう怖さもあります。

ある宗教の経典における絶対的正義や、唯一神を説く矛盾や、大衆をコントロールするための信仰心なども、強い依存の関係を利用しているものでしょう。
・性欲や中毒性の快楽を伴うもの。（ドラッグやアルコールや食生活に至るまで）
・自分第一主義。（エリート志向や至上主義や排他主義など）
・自己顕示欲。（名声やプライドなど）
少し並べてみただけでも、エゴにはたくさんのキャラクターがいます。あなたはどの程度、その存在を自覚しているでしょうか。あなたにとってのラスボスは、どれになるでしょうか。

なぜエゴの話などをしているのかというと、ハイアーセルフとコンタクトを取るために、エゴが最も障害となるからです。

次元を隔てている膜（ジェリーバンド）は、当然ながらその厚さは、皆同じです。だから膜の向こう側にいる存在を認識できるかどうかは、膜のこちら側にいる人の問題。

全人類共通して、生まれて来るときには、ニュートラルな思考であり、皆同じ条件です。人は幼くして自我に目覚め、エゴを抱えてしまいます。地上に生まれてからの、この世界で培った信念により、多くのエゴを抱えてしまうのです。

つまりハイアーセルフと繋がるためには、どれだけエゴを手放せるか！によるのです。要はエゴが強ければ強いほど、自分で「次元の膜」を厚くしてしまっているのです。

本来の「次元の膜」は、生まれて来たときには、誰も変わりはしないのに。

自分のエゴが、「次元の膜」をより厚くしてしまい、多次元の認識を、より困難なものとしてしまいます。

次元を隔てている膜（ジェリーバンド）には、偏った信念を抱いている存在がいます。サーシャの言うところのジェリーバンドは、ボブがフォーカス35（ギャザリングスペース）と名付けた領域であり、人間ではない存在が集合している意識領域です。

そこにはいわゆるネガティブと表現すべきエネルギーの存在もおり、とても強い執着に囚われてしまった人は、ここにいるネガティブな存在に繋がってしまう可能性もあります。

特に、自分第一主義を追求している者。エリート志向や至上主義や排他主義や独占欲や自己顕示欲を求めていると、そういう存在に繋がってしまいます。そういった感情に、波長が同調し、共鳴することで自ら繋がってしまうのです。

ここで述べている存在は、「邪悪なる者」や「ダークサイド」という表現をしてもいいでしょう。いわゆる「サターン」と呼ばれてきた存在です。ただし、ネガティブな存在から近づいて来るわけではありません。自ら引き寄せられてしまうだけなのです。エネルギーは同調します。同質のエネルギーに共鳴するだけです。

ある意味自己の成長を望んでいるとも、言えるかも知れません。ただ残念ながらそれらの強い欲求が、自己にのみ向けられていることに、強く限定されてしまっているのでしょう。自分第一主義で、自己中心型とも言えます。

愛が内向きな表現に、限定されてしまっているのです。

意識領域の探索に限らず、スピリチュアルに何かを求めるときや、この世界での日常生活においても共通していることですが、自分自身がクリーンな状態でないと、自らの波長のままに、ネガティブな存在へと繋がってしまいます。そしてそれらの存在は、この世界から見たときに、少し不思議な力を与えてくれます。いわゆるリーディングや占いなどです。それを生業として生計を立てられるくらいに、「当たる」と評判にはなれるでしょう。その代償として、エゴに満たされた欲によって生み出される感情を、エネルギー源として提供します。ダークサイドの存在に、エネルギーの供給源として、コントロールされるのです。それはあなたが崇める絶対的な存在に成りすましている場合もあれば、あなた自身ではその存在に気がつかないまま、コントロールされている場合もあります。

ただし、これらの存在に怯える必要は一切ありません。自分自身がクリーンでいればいいだけのことです。誰かに何かをされるわけでもなく、自ら抱いている信念によって、その存在へと繋がってしまうだけです。

ただ、これも今現在の私の認識になります。決してこれが、絶対に正しいと言っているわけではありません。何事も、自分の本質で感じて、最後は自分で体験して知ることです。

繰り返しになりますが、「次元の膜」は、エゴを手放せないと、超えて行けません。

そしてエゴに執着している人ほど、それを困難なものとしています。

だから、「自ら設定した状態で、より困難な状況を招いている」のです。

ポジティブとネガティブについて

一冊目の本を書こうと思ったとき（２００８年）のことですが、（日本の直近の未来の出来事について見に行ってみよう）と、マヤ暦の終焉とされる２０１２年のことよりも、単純に（面白そうだから）というだけの理由で、安易に、未来の情報を教えてもらうことに、チャレンジしてみたことがありました。

その意図を放ち、深呼吸を一つして、時間にしてわずか五秒～十秒程度で、ある映像が浮かんできた。暗い夜の海が広がる。暗闇をよく見てみると、海だと思っていた水の中に、街が広がる。(ん?)これは映像として観た場面だが、理解できなかった。すぐに次の情報が飛び込んでくる。地震……巨大な地震……津波……太平洋岸全域……原発メルトダウン……津波の最大高さ……等々。これらは言葉で得た情報で、勝手に頭の中に浮かんできた数字。

この当時の自分は、書きなぐったメモを見て〈恐れ〉を抱きました。もしもこれが現実になったら……このときは受け取った情報に対して、まず〈怖い!〉と感じたのが最初でした。それでも自分が得た情報を、できるだけ客観的に書き起こそうとしました。一つの章として。でも途中まで書いたものの、どうしても〈恐れ〉が強く、それ以上書くことを止めて、この情報を公開しないと決めました。

(それにこれはテレビをつけて、チャンネルをニュース番組に合わせた程度で得られた情報だ。きっと思い過ごしに違いない)という、見てみないふりをするかのような思いも、心理的にもありました。

この当時の自分は、これを書くことによって、もしかしたらこれが現実になるのかもしれない!?という〈恐れ〉もありました。いわゆる「自分の意識がフォーカスしたところに、エネルギーは流れる」この考え方について、中途半端に認識していたこともあります。

それを読んだ人、つまり集団の意識がそれを現実化してしまう可能性について、果たして実際のところどうなのか、分からなかったということもあります。ただ、結論として、情報を公開しないことにしました。

一番悔やんだのは、恐れることなく、きちんと情報を伝えて、大きな津波がくることを想定し、大きな地震がきたら安全な場所まで逃げて欲しいと、より具体的に伝えていれば、もしかしたらそれを読んだ誰か一人でも、助かったのかもしれないと、そのことについて、ものすごく悔やみました。それは、それは、心の底から震えるほど、後悔と罪悪感だけが残りました。このときに抱えた罪悪感は、それから数年間、非常に苦しみ続けました。

自分がその情報を恐れることなく、シェアしていれば……。

シェアすべきだったのではないか……。

何年間も葛藤を抱え、苦悩し、ただ後悔の涙を流し続け、そしてそれはアトランティスのときと同じ過ちを繰り返してしまったという記憶も呼び覚ましました。

あの日から一ヶ月間は、ただひたすらレトリーバルを繰り返しました。それは精神的にも、肉体的にも、極限まで疲弊させる日々でした。極限までそれをすることで、苦しみから逃れたい気持ちもあったと思います。

どちらが正しかったのか、未だに分かりませんが、「あなたはそのことで自分を責めるべきではありません」と、サーシャに言ってもらえた一言で、すごく救われた気持ちになりました。涙と一緒に、自分の中にある〈自分を責め続ける気持ち〉も流されたかのように、その一言にとても癒されました。

そして「これは起こるべきイベント（出来事・事象）だったんだよ」と非物質世界の存在に聞いたとき、例え自分がそれをシェアしていようと、事象には全く関係がないことだったと分かりました。

「自分の意識がフォーカスしたところに、エネルギーは流れる」

この考えを自分も肯定していますが、でもそれによって災害が引き起こされるわけではないと分かりました。

例えば人生においても、プログラムされてきたイベントもあると思っています。

1％もそこに意識が向いていなくとも、きっとそれは起こりえるものなのでしょう。

それが死を伴うことであったとしても、その事象そのものには、善も悪もないのです。物質世界だけの視点では、理不尽に思えるかもしれませんが、体験の意味することは、この世界の価値観だけでは判断できないと思っています。

自然災害についても、同じだと思います。私たちは、地表に生活をしています。自然災害が発生するのは、１００％自然で当たり前のことです。自然とも、自然災害とも、自然界に存在している人間には有害とされているウィルスとも、共存共生していくのが自然だと思います。

そこには、善も悪もありません。

そこにネガティブな反応をするのは、自分の中にあるエネルギーです。

恐れや不安ですね。何を不安に思い、何に恐れを感じるのか。

自分が不安を抱く要素があるなら、事前に排除しておけば、それは解消できることもあるでしょう。

どんな事象も、ネガティブな体験とするかどうかは、自分の反応次第です。

例えば世界各地で頻発している巨大地震や活発な火山活動なども、この時代の地球が、地殻変動レベルでの地球規模での活動期にあるのだろう、ということを物語っていると思っています。

世界中で大規模な災害は頻発しているし、巨大な台風や、数十年に一度の……と呼ばれる自然現象が、今や当たり前のように起こっています。

ただ何が起ころうと、あらゆる可能性を想定し、備えをしておくことで、その現象に対する自分の感情・反応は、大きく変わってくると思います。自分がどこにいようと、どう対応すべきか、あらゆる可能性を想定し、備えておくことは大切だと思うのです。

仮にですが「今年大地震がくると思いますか?」とご質問があれば、「ないと思います」と答えます。ただし、「それが今年であろうと来年であろうと、最低限の備えをしておけば、その不安は払拭されるのではないでしょうか?」と付け加えて。もしもご自身でそのことに不安を抱いているのであれば、尚更です。問題は何かの事象が起こることではありませんし、ましてやそれに不安を抱くことでもありません。(地震がくるかもしれない)ということは、ある意味当たり前のことですよね。30年以内に80%の確率と予想されている地域もあるのですから、いつそれが起きたって不思議ではないでしょう。

自分たちが生きている間に、発生確率のかなり高い災害と分かっているわけですから、可能性の一つとして、対応をしておくべきだと思っています。これは、ごく一般的な防災のお話です。考えうるあらゆる可能性に対して、排除できる不安要素は、事前に対応しておきましょうということです。

それは最低限の備蓄をしましょうということだけではなく、家族との決まり事も含め、いざそのときがきたとしても、不安や恐れを抱かないようにするためです。自分が不安に感じることすべてに、前以て対応をしておけば、どうしよう?とはならないでしょう。

絶対に大丈夫！という気持ちで対応できます。不安要素を排除しておくだけでも、ネガティブに反応する感情は、なくなる場合もあると思います。

想定できる対応をしておくことで、もしも仮にその場面に遭遇しても、被災地にありながら被災者ではなく、誰かをサポートする側になれると思っています。起こりえる一つの可能性としての対応を想定しておけば、家族とも決まり事をしておけば、不安となる要素を排除しておけば、そのことに不安を抱く必要はなくなります。

何が起ころうとも、その事象自体はネガティブなことではないのです。

もし自分が大きな地震に遭遇したとしても、たまたま地球規模での活動期に、地球に来ているだけのことです。

「どんなに強力なネガティブエナジーを浴びても、自分の中に共鳴するものがなければ、何も反応しない」というお話をワークショップでしていますが、事象に対する反応も同じだと思います。自分の中の何が反応をしているのか？

エネルギーは同調します。ネガティブなエネルギーのないところには、どんなに強力なネガティブエナジーを送り続けても、何も反応はしません。何も影響を及ぼすことはできないのです。自分の中に、反応する感情（エネルギー）がなければ、何一つ影響を受けることはないのです。つまり、どれほど理不尽と思える出来事でさえ、そこに反応をしなくなる自分がいます。

あなたにネガティブな影響を及ぼすと思っている（エネルギーの）存在にさえ、「愛しているよー」ってエネルギーを送り続けましょう。

なぜならその存在でさえ、あなた自身だからです。

不愉快・不快感を抱いたときほど、何も感じなくなるまで、感情を外して観察してみるのです。自分の中の何が反応をしているのか？

スピリチュアルではよく聞く言葉かもしれませんが、「愛はすべての答えです」

誰でも自分で体験をして、知ることができる感覚です。


自分の中にネガティブな想いがあることが、悪いこと・いけないことだとは思いません。

当然、誰の中にもあります。

そしてネガティブなことに目を向けないことが、正しい対処法だとも思いません。

そこに意識を向けなければ、ネガティブな事象がなくなるわけではなく、どちらの事象も体験するのだと思うです。ただし、ネガティブな反応をする必要はないのです。

この世界は『陰と陽』の対極で満たされています。

純粋な『陽』も、純粋な『陰』も、存在していないのです。

人は二極化の中で、必然的に恐れや感情的な痛み、葛藤を抱えてしまいます。

人は幼くして自我に目覚めるとともに、エゴが生まれます。

ポジティブもネガティブも、エゴが創り出しています。

エゴをも観察し続ける視点で体験することで、エゴに支配されることはなくなります。

ネガティブな事象に目を向けないことで対処するのではなく、ネガティブな反応、ネガティブな体験としないことで、対応することは可能だと思います。

私たちはこの二極化の中でこそ、学ぶべき体験、事象ではなく【感情を体験する】ために、ここに来ているのだと思うのです。

例えば今回お話したような、自然災害に対する自分の対処法です。

起こるかどうかも分からないことに〈恐れや不安〉を抱き怯える必要はありません。それらは今、どこにも存在していないのです。想像の中のことでしかない〈恐れや不安〉に、意識を向ける必要はないのです。

不安を感じるなら〈未来〉を見ています、後悔を感じているなら〈過去〉を見ています。でもあなたが存在しているのは〈今〉です。しっかりと〈今〉に意識をフォーカスして、今を意識的に見つめましょう。

その事象の大きさに関係なく、完璧な信頼の中にあることで、自分の中のネガティブなものは反応しなくなるのです。

意識を向けようと背けようと、ポジティブもネガティブも、すべての事象はあり続けます。すべての事象を、ネガティブな体験・感情・反応にするかどうかは、自分次第です。

事象の大きさとは関係なく、自分次第なのです。

物理的には、どれほどの影響があろうとも、事象そのものは、悪（ネガティブ）ではありません。何かを恨むことも、憎むことも、そこに意識が囚われてしまいますから、そこに意識を向けるべきではありません。例えそのことで、親しい知人を失ったとしても、です。

ストイックにスピリチュアルを求め、物質的な生活に支障をきたしては、何を求めてここに来たのか、本末転倒ではないでしょうか？と、私は思います。スピリチュアルな視点を通して、物質的な現実生活が豊かなものとならなければ、スピリチュアルに囚われたミイラ状態ではないかと思ってしまうのです。

私たちはまだ肉体を有し、物質的な世界に存在しているのですから、最も大切なのは「今この瞬間」という視点だと思います。「今この瞬間」に意識をフォーカスし、心から満たされ、充実した日々を楽しまないと、もったいないでしょう。

私たちの本質は「意識」です。

「意識」とは、「エネルギー」です。

本質は「意識」であり「エネルギー」です。

本質は「意識」という非物質の存在ですが、今は物質的な現実世界にいます。


ここに来ています。

この世界では、『陰と陽』対極の事象を体験するでしょう。

意識すべきは事象ではなく、【感情を体験する意識】として、ジャッジすることなくあり続ける意識です。

私たちの人類は、第三密度と呼ばれる物質的な次元の、今まさに終わりの段階にいます。

第四密度の波動の中に入って行こうとしている狭間にいるのです。

二極化が統合されるとき、対極化が激しさを増すでしょう。

人間が支配・統制している国家においても、世界中でそれが顕在化するかもしれません。

自然においても、地球規模での大きな自然災害が頻発するかもしれません。

それでも私たちは、統合する意識を体験したくて、この時代の地球を選んで、ここでの【感情を体験する意識】として、ここに来ているのです。

二極化からの統合には、痛みを伴うと感じる事象もあるでしょう。

そこで感情のもたらすエネルギーに囚われるのではなく、受け入れ、包み込んでいくのです。例えどんな事象を体験しようと、私たちは穏やかなバイブレーションで、それをネガティブではない体験として、反応をすることができるでしょう。

私たちの「意識」が、この物理的な世界で体験する究極の事象は、肉体の『死』というイベントでしょう。しかし物理的な肉体の寿命がきただけであり、本質である「意識」は、永遠に体験を続けていくのです。物質的な現実世界から、非物質的な現実世界へと「意識」は移行をして行くだけです。

この物質的な現実世界からお別れをすることは、とてもショッキングで悲しいことですが、感情に囚われるべきではありません。物質的な現実世界から非物質的な現実世界へと、意識はどこまでも繋がっています。意識をどの領域にフォーカスするかで、コンタクトを取ることも可能です。この世界に意識がフォーカスしている私たちにとって、『死』は究極のイベントでもありますが、新たなステージへの冒険が始まるエキサイティングなイベントでもあるのです。

私たちの人類が、銀河連邦の仲間入りをする瞬間が、待ち遠しくてたまりません。

それを思うと、ハートのバイブレーションが激しく高まります。

でも今は、人間による事象も、自然による事象も、【感情を体験する意識】として、「今この瞬間」を意識的に生き、もうしばらくここでの日常を楽しんでいたいと思っています。


私には、今後の具体的な目標も、計画も、何もないけれど、今この瞬間は完璧だから、不安や恐れを抱くことなく、ただ信頼し、今を楽しみながら、ニュートラルなままに歩いて行けばいいことを知っている。

17. エピローグ　自分探しの旅

２００７年に、人生で初めてのスピリチュアル系セミナーに参加することになった、「ブルース・モーエン　ワークショップ」。それに参加するという決断をするまで、経済的な理由から相当悩んだ。そこが問題なければ即決するのだが、行ってみたいという気持ちに対して、現実的には、ためらうだけの大きな負担だった。参加費を用意できないわけではなかったが、家族を養っている立場から、自分のためだけにそれだけの金額を使うということに、とても踏ん切りがつかなかった。この当時はまだ、経済的には決して恵まれているとは言えない立場だったと自覚していた。それでも行きたい気持ちと、家族を想ったときのためらいとが交錯し、毎日どうしようかと、考え続けていた。

この頃はまだ、「恐れ」や「不安」がどこから来るのか知らなかったから、経済的な迷いを、簡単には払拭できなかった。

日々迷い続けていた、そんな、ある朝のこと。

交差点で止まったときに始まった曲が、不意に気になる。

（これ、なんて曲だっけ？）と、ふと、曲のタイトルを見てみると、「すべてうまくいく」と飛び込んできた。このタイトルを目にした瞬間、（これは絶対自分が今悩んでいることの答えだ！）と、確信した。これ以上悩んでも仕方ない。これに参加すれば、きっと「すべてうまくいく」んだと、そう思って、参加することを決意した、印象深い場面だった。

それから数年後。何気にこの出来事を思い出し、「すべてうまくいく」という曲を探してみた。ｉＰｏｄに入っている膨大な曲の中から、「佐野元春」というアーティスト名を頼りに、あの曲を探してみた。しかし、どんなに探しても、「すべてうまくいく」というタイトルの曲は、見つからなかった。

（おかしいな？　そんなはずないんだけど）と、そう思って何度も曲を探していくと、一つのタイトルが目に止まった。

『すべてうまくはいかなくても』（アーティスト：佐野元春　アルバム：ＦＲＵＩＴＳ〈Ｅｐ

ic／Sony Records〉)
(まさか、これじゃないよね？) ドキッとしながら、その曲を聴いてみると、まさかのビンゴ！
どう考えても、タイトルの見間違いなんて、絶対に有り得ない。あのとき、はっきりと見た曲のタイトルは「すべてうまくいく」だった。二度見もして、感嘆したのだ。見間違いをするには、文字数があまりにも違い過ぎる。
どう考えても、誰かがイタズラしたとしか思えなかった。(ボブしかいないけど……笑)
この出来事は、鳥肌が立つくらい、印象深い驚きのエピソードだった。

2007年からここに至るまでの旅路で、何度も感動し、不覚にも涙を流してしまうことがあった。高次の存在たちによる用意周到なシナリオは、時にドラマティックで、どんな映画よりも、人生が1番面白いと思わせてくれた。
死後の世界という新しい世界の発見に、一人興奮し、(自分はもしかしたら、自分と同じようなことで苦しんでいる誰かのために、力になれるかもしれない) と自惚れ、大切な人を、人生の最後に傷つけてしまった。深く後悔し、それでも進んでいこう前を向いた矢先、個人的な問題ではあるが、今度は人間関係で挫折し、すべてを閉ざして、一度はドロップアウトしてしまった。

2007年にブルースのワークショップを経験してからの人生は、何一つ不満のない、満たされた日々を過ごしていた。毎日が幸せであり、とても充実していた。

私は、日常生活が「平凡」であることを、「退屈」だと思ったことはない。これ以上ありがたいことはないと、感謝すらしていた。特に、最愛の家族に恵まれたことは、自分はこのために生きているのだと、自分自身が生きるための活力になった。生まれてきてくれた子供たちの存在が、これほどまでに愛しい存在であるとは、子供たちに出会うまで、知らなかった。特に春風。きみは五年生の冬に思春期になり、急激に子供ではなくなってしまったので、寂しくて、本当は、もっともっと、甘えて欲しかった。あまりにも急に親離れをしてしまったので、こっちが子離れできなくて、もう少し、子供でいて欲しかった。

もっと上手に、もっと優しく、もっともっと、愛してあげたかった。全力で子育てをしてきたつもりだったけど、(今ならもっと優しくしてあげられるのに……)と、そういう想いばかりが残ってしまう。後悔ではないのだけれど、もっと深い愛情を、子供たちに注いであげたかった。春風と太陽。二人の子供の成長と親離れは、喜ぶべきことではあるが、今でも小さかった頃と何も変わらず愛している。いや、それ以上に深く愛している。できることなら時を三歳に巻き戻して、もう一度10年間、楽しく子育てをしたい。

私のこれまでの本当に平凡な48年間の日常生活は、あまりにも幸せで、愛と感謝しか残らない。

今日という一日の終わりに、感謝の想いが溢れ、明日という一日に想いを馳せ、自然と笑みを浮かべ、眠りにつくことができるから、何の不満も見つからない。

特にこの五〜六年においては、自分の人生は完璧だと思えるくらい、何も求めるものがなくなっていた。

自分の人生は、自分たち（ハイアーセルフと）で計画してきたのだから、自分にとって必要なことしか起こり得ない。すべては必然で、ここにいる自分は、ただ体験を楽しめばいいのだ。そう思えたとき、毎日がとても楽になり、楽しめる日々となった。

それは自動運転の車に乗っているかのように、人生をとても楽にしてくれた。行き先を決めるのはもちろん自分であるが、どの道を通れば良いのか、迷うことなく、ゆっくりと景色を楽しみながら行けるのだ。

それでも心の奥底で、ずっと感じ続けていたことがある。

「自分は誰で、何者なのか。どこから来て、ここで何をすべきなのか。そして、どこに向かうのか」

私はどんなに幸せを感じていながらも、どれほど満たされていようとも、それでもこの思いは、繰り返し、繰り返し、私の脳裏に蘇ってきた。それは、決して消えることのない、小さな灯火のように、ときに激しく揺らめきながら。

これでいいのだろうか？と。本当は何か、やることがあるのではなかったか？と。

あのときグアムで、夜空を見上げ、そんな問いかけをしたのも、ずっと心の奥底で燻《くすぶ》り続ける思いがあったから、自然と口をついてしまったのだろうと思う。

その心からの問いかけに、私自身（自分の本体、サーシャの言うところによる、もう一つのアイデンティティ）が応えたのだ。

私自身の好奇心を利用し、再び「自分探しの旅」を始めるように。

そしてそれは、リサの言うように、

「自分の中のワクワクから生まれなければならない」

この言葉のとおり、心の底から求め続けた、無着色の感情を刺激した。

あのとき応えてくれた不思議な光に導かれ、リサ（サーシャ）と出会い、私たちの運命について、確信を持たせてくれた。

想像も及ばぬほど遥か古代から、私たちは共に、意識の探求を続けてきたのだ。

ボブの本を読んだとき、いくつかの場面を、（自分は知っている！）と感じたのは、やはり間違いではなかったのだ。それは今現在の私がまだ体験していない場面なのに、（自分もそこにいる！）と、確信に満ちた想いだった。

ヒントはたくさん散りばめられている。日常生活のあちらこちらに。

時にそれは、シンクロニシティ（意味の有る共時性）として、あなたの思考、肉体的・物理的なマインドを刺激してくる。

そこに意識が向くかどうかは、自分の意識次第。

思考を手放し、意識的に生きることで、直感が導いてくれる。

どうすればよいのか？と、何も悩む必要はない。

再び動き始めた「自分探しの旅」について、前著からのその後の冒険の記録を共有することで、これを読んだあなたが、まるで自分のことであるかのように、追体験として感じていただけたなら、間違いなく、意識は共に成長している。

この本の中に真実を感じたのなら、そしてあなたの好奇心が共鳴し、自分の中にワクワクが生まれたのを感じたら、ぜひ、私のワークショップに遊びに来ていただき、今度は自分自身の体験として、その言葉の意義を知り、あなた自身の経験に変えて欲しい。

読書で得た知識を、今度は自分の体験による知識へと、変えていただきたい。

自らの経験だけが、その答えを『知る』ことを可能とするのだ。

本書を執筆するに際し、惜しみないサポートをしてくれた愛しい人たちに、心から感謝を
述べたい

リサさん、ロンさん
ファーロンさん、ブルースさん
マキさん

そして私がこれまでに出会ったすべての仲間たちに
宇宙家族の仲間たちに
愛と感謝を込めて

愛しているよ
ありがとう

18．シンボルとしてのトライアングル

ブルース・モーエン

私がケンと出会った初めてのワークショップで、ケンは、私がこれまでに見た中でも、最も強烈な信念体系クラッシュを経験しました。

ベーシックコースの最初に行うパートナー探索で、信念体系クラッシュを経験することさえ稀なことなのですが、ケンの経験しているものは、惑星が爆発するかのような、非常に強烈なものでした。通常はもっと小さい、例えるなら、シャボン玉が弾けるようなクラッシュを経験します。しかし、私が見たそれは、ケンの精神面が崩壊するのでは

ないかと、不安さえ覚えるものでした。

この日本で行った最初の年のワークショップで、私はケンに対して、非常に興味を覚えました。

この翌年のワークショップのアドバンスコースに、再びケンは参加しました。

そこで私は、これまでに見たことのない、とても面白い光景を見ることになりました。ボブ・モンローの存在です。ボブがエクササイズ中に現れて、参加者に挨拶をしている光景というのは、よくあることなのですが、ケンの場合は、特殊な例でした。

最初のエクササイズのときに、ケンが誰かと話をしているのを見かけましたが、その存在が誰であるのか、すぐにはわかりませんでした。それが誰なのか、近づいて確認をしたときに、非常に驚いたのを覚えています。ケンとボブが、親しげに話をしていたのです。

私の習慣として、参加者に情報を伝えるということをしているのですが、同じように、エクササイズが終わってから、そのことをケンに伝えると、「ああ、あの人がボブなの。あの人は、この六ヶ月くらい、いつも自分のところにいるよ」と、言ってきました。

このときから、私はケンが通常の参加者とは違う、特別な何かを持っていると、感じ始めたのです。

それから、もう一度ケンに会いたいなと、いつも期待をしていました。それは、毎回そう感じていました。何か特別なものがあるという感覚が、常にあったのです。

この頃から、私は、ケンはいずれ自らの道を歩んで行く、リーダーとなる存在になるだろうと、確信を持っていました。

ケンは、私とは違うアプローチを歩みましたが、彼が歩んで行く道も、目的は私たちと同じです。ケンが始めた、ゲーム感覚で直感を認識していくというワークショップは、とてもユニークな発想で、天才的であるとさえ言えます。

ボブの導きにより開発された、これまでにはなかった新しいワークショップで、人間の意識や意識の変容を、新たな視点で気づかせてくれるオリジナルなものです。

この本には、ケンの豊富な体験談が、シェアされています。経験から得られるこれらのエピソードは、何よりも貴重な情報であり、多くの人たちに、大いなる気づきをもたらしてくれることでしょう。詳細にわたり描写されているので、自分の理解を深めるために、大いに助けになるのです。

私はこの本を、とても気に入っています。

私がまだケンと出会う15年以上も前に、私は私たちを象徴するトライアングルのインスピレーションを、受け取っていました。

当時は未完成であったトライアングルは、時を超えて完成されたのです。

私たちの初めての出会いから、ケンが始めたワークショップまでの道のりも、ボブと私とケンとの三人が、今生に生まれてくる前に、約束していた計画の一部であると気がついたのは、最初の出会いから、何年も後のことでした。

May the Power
Of Pure Unconditional Love
Guide you Always

Bruce Moen

純粋な無条件の愛の力が
いつもあなたを導きますように
ブルース・モーエン

あとがき

2007年に、ブルースと最後のお別れのハグをしたときに、ブルースは「マイブラザー」と呼んでくれ、長いハグを交わした。

それから10年後の2016年の夏。最後のお別れのハグで、10年前と同じように、ブルースは「マイブラザー」と呼びながら、長いハグを交わした。

フロリダを訪ねたときも、やはり最後は「マイブラザー」だった。

実は私にも、同じような感覚があった。物理的には20年もの歳の差はあるのだが、同志のような感覚があったのだ。彼のワークショップで学びはしたが、なぜか最初から師匠という感覚を抱いたことはなく、一貫して、友達のような感覚だった。だから最初から一貫して、ブルースが「マイブラザー」と言い続けてくれていることが自然に思えた。

私たちの時間にすると、何万年もの遥か昔から、何度も共に転生をし、チームとして同じテーマに取り組んできた「私たちの物語」。この物語について、サーシャからの情報を聞いたときに感じたのは、驚きや喜びではなく、(ああ、やっぱりな)という腑に落ちる納得の感覚だった。私たちは、何万年もの生を共にし、「意識の探求」をテーマに、繰り返しチャレンジをしてきたのだ。初めて会ったときから、「マイブラザー」という感覚があったのも、当然かもしれない。

フロリダに滞在していた八日間の間に、とにかくたくさんの話をした中で、本文中には書かなかったが、もしかしたら興味がある人もいるかも知れない二つのテーマについて、ここに書き足しておきたい。

それは、ブルースに質問をしてみた二つのテーマだ。

一つは、「パラレルワールド」について。

そしてもう一つは、「もう一度地球に生まれ変わって来ると思うか」ということについて。

まず、「パラレルワールド」について。

ブルース：まず、「パラレルワールド」という定義について。いくつかの考え方があると思います。人間が亡くなった後に訪れる非物質世界も、ある意味パラレルワールドの一つとも言えるでしょう。

それから、物質的でも非物質的でも良いのですが、いわゆるエイリアンが住んでいる世界も、一つのパラレルワールドと言っていいでしょう。私たち人間と非常に似たような意識領域に、存在しているからです。エイリアンの世界を訪れたり、コンタクトを取ることは可能ですが、実際には別な意識領域に存在しています。

例えば本にも書きましたが、セカンドギャザリンググループというエイリアンのグループがいました。彼らは、自分たちの存在している意識領域に、私を招待してくれました。そして彼らの意識領域にいる間は、人間のように考えることを止めた方がいいですよと、注意されました。私たち人間は当たり前のように「感情」を表現しますが、彼らが持ち合わせていない「感情」というものが、彼らにとって、時にそれは破壊的とも言える影響を及ぼしてしまうのです。私と私の母、母は当時既に亡くなっていましたが、そして彼女（共同探索のパートナー）と彼女の母が、一緒にその場にいました。母は私たちの傍にいて、少し後ろから見ていました。彼女たちの役割というのは、エイリアンのグループが人間ぽい感情を感じ始めた場合、その意識領域から私たちを引きずり出すという任務でした。

エイリアンの意識領域で、ある一人の意識と繋がったとき、そのエイリアンの体の中に入っている感覚で、その存在を通して体験をしていました。そしてそれは、小さな家の中にいるという感じがしました。（ああ、これは家の中にいるんだろうなぁ）と、考えていたのを覚えています。そう考えたときに、母が「ブルース、それをしないという約束をしたでしょ」と、その考えることを止めてくれました。エイリアンの意識領域は、とても異質なものでした。その意識領域に、仮に数百万のエイリアンが存在していたとします。しかし、どの固体の視線としても共有することができて、すべてが繋がった存在として知覚できる感覚がありました。もしもそのエイリアングループから、宇宙を探索している固体の存在がいるとしたら、瞬時にそのエイリアンとして、体験を共有することができてしまうのです。別の固体が体験していることも、今その体験していることを知りたいと思えば、瞬時に知覚することが可能だったのです。

これは「グループマインド」と呼んでいますが、思考を共有しているのです。

ところで、ケンがコンタクト経験のあるエイリアンがいれば、聞いてみたいですね。

ケン：日本には、遮光器土偶と言う粘土の焼き物があります。これらが作られたのは縄文時代と言って、紀元前のことになりますが、発見した後世の人が、ゴーグル（遮光器）を装着している姿に似ているからと、例えて付けた名前です。まるでこの遮光器土偶に、とてもよく似た存在に遭遇しました。8月のワークショップで、ギャザリングスペースを訪れるエクササイズをしたときに、ボブが「もっと面白いところに連れて行ってあげるよ」と言って連れて行ってくれた場所です。このときはその場所に、もっとたくさんのエイリアンたちがいましたが、このエイリアンを見た瞬間、(あ、見たことある!)と思って、思わず近づいていました。それは私の膝くらいの背丈しかなく、とにかく顔のインパクトが強烈だったので、手足はありましたが、ボヤけていて、あんまり覚えていません。大きな目玉が特徴で、面白いのは、瞼が上下から閉じるのです。思わず(うわ!)って嬉しくなって、話しかけたのですが、先頭の一人から「ウニャウニャウニュウニュ」って、全体に広がっていきました。このとき、エイリアンに対して抱いたイメージは、思考を共有し合っている存在が多いということと、やはりこの地球は非常に特殊な環境で、人間という存在は、とても貴重な体験をしているのだということです。

ブルース:おそらく目玉が大きすぎるので、瞼が上下から閉じる必要がある形態なのでしょうね。

私が出会ったエイリアンのほとんどは、「グループマインド」なので、それが通常なのだと思います。彼らが普通で、私たち人間が特殊だという意見に、私も同意しますね。これらはエイリアンの意識領域の一例ですが、パラレルワールドの一つと言ってもいいでしょう。

またもう一つのパラレルワールドについての考え方は、私自身は経験がありませんが、別な宇宙が存在するという考え方もありますよね。私たちと同じような宇宙や、或いはもっと巨大な宇宙が存在していると考えるのは自然なことですし、そこで起こっている事象を体験しようと、実際にはそれをしたことはありませんが、もし知覚したならば、そこもまたパラレルワールドという解釈ができますよね。自分の想像の範疇で考えるしかないのですが、その別の宇宙もまた、物理的な世界と、非物理的な世界が存在しているのではないか?と、想像はしています。ただ別な宇宙については、まだ探索したことはありません。だから確実に言える情報ではなく、推測の話になります。

パラレルユニバースというものが、いくつあっても不思議ではないとは思っています。存在しないという理由の方が、ありません。この宇宙があるということは、証明するまでもなく、現実に存在をしていますね。それはイコール、他にも宇宙があるということを、示唆していると言えます。

一なる意識がこの宇宙を創造したのなら、この宇宙の一部を分裂し、新たな領域を創らない理由がありません。または、この宇宙だけが唯一なる存在だと、考えることには不自然さがあります。そうすると、いくつもの宇宙があると考えることは、ごく自然なことですね。

さらにまた違うパラレルワールドについて、確実にあると考えているものがあります。私たちのハイアーセルフが、人間の意識領域を探索し尽くし、もうこれ以上新しい発見に出会えないという段階になったとき、それらの意識は、必然的に空いた空間に向かうことになります。まったく新しい意識領域を創造し、ゼロから始めるということをするでしょう。私たちの世界を創造したように。これは例えばですが、そこでは私たちの世界とは、まったく違った物理的法則で成り立った世界にするかも知れません。

ケン：日本では、よく例えられるのが、「イエスを選択した自分と、ノーを選択した自分が存在していて、二つの未来が両方共存在している」という話を聞きます。成功している自分もいれば、失敗している自分もいる。自分がどの現実にいるにせよ、反対の経験をしている自分が常に存在している。そしてこの場合は、どちらも正真正銘の自分自身のことのようです。自分のいる世界が、常に二つ以上存在しているという考え方の平行宇宙という例えで、パラレルワールドと認識している人がいます。しかしこの場合、一人の人間が、人生において重大な選択をする場面が10回あったとすると、少なくとも10回に分裂している平行現実が、存在していることになります。この考え方を地球の人口に当てはめると、とんでもない数の平行宇宙が存在していないと、成り立ちません。そもそもこんな虫の良い考え方、私は受け入れることはできませんが、そのように考えている人は、比較的多いように思います。

それと、これについては、私が経験から感じていることがあります。「信念体系クラッシュ」を経て、「自分自身の再統合」というプロセスを経験しました。自分を否定してしまった出来事に至るまで、すべての体験を受け入れ、分裂した自分自身を再統合するのです。もしもパラレルワールドにおいて、いくつものパターンの自分自身が存在したままだとした場合、この再統合というプロセスを経験することはないだろうとも思っています。イエスを選択した自分と、ノーを選択した自分が存在したままでは、私が体験した「自分自身の再統合」は起こり得ないことだと思うのです。だからパラレルワールドに存在しているのは、自分であっても、同じ意識から分離した自分であって、正真正銘の自分自身のことではないのではないか？と思っています。仮に私が属するグループがケングループだとして、私がケンAだとします。ケングループとして、無数の体験を求めているので、複数に分離したケングループの意識が、あらゆる世界で体験をしていると思うのです。だからパラレルワールドで体験をしているのは、ケンAではなく、ケンBという考え方です。実際はどちらも同じ意識なので体験は共有できますが、全く同じアイデンティティの存在ではないという考え方です。

ブルース：考え方、解釈は少し違いますが、未来の選択ではなく、過去においての選択では、それをすることは可能だと思います。例えば、幼少時に酷い虐待を受けてしまい、一生に影響を及ぼしてしまうような出来事があったとします。当時は、ノーという選択肢があることを知らなかっただけなので、それが起こってしまった出来事の少し前まで遡り、「ノーと言ってもいいんだよ」と、別な選択肢があることを教えてあげます。ノーと言ってもいい。大きな声で叫んで、誰かに助けを求めてもいい。その場から、逃げてもいい。その出来事に対処するためのツールを、いくつか与えておくのです。すると、その悲劇的な出来事を回避することができます。これによって、新しい人生の選択肢に書き換えられていきます。それは本来、それに対処する術を知っていれば、そうなっていたであろう道です。どちらを選ぶにしても、本当は二つの選択肢の道があったことを、示唆しています。この治療がうまくいくと、トラウマの原因であった出来事は、もはや消えてしまいます。実際に起こった出来事ではなく、書き換えられた記憶に影響を受けるので、解消することができるのです。これはウルフガングが使っている、トラウマを解消するためのテクニックになります。

ケン：そういう解釈であるなら、同感ですね。現実的に「イエス」と「ノー」の世界が存在しているわけではありません。過去を変えることは不可能だけど、記憶を癒すことはできる。過去は事象であり、結果であるから、不変な出来事であることには変わりはありません。でも記憶はイメージであり、要因、結果に対する要因です。そういう意味では、過去は変容することができる。現実的に起こってしまった事象とは別に、まったく新しい過去を、記憶として創ることになります。二つの現実が存在するという意味で、パラレルワールドと言えるのではないかと考えています。

ブルース：それによって、その影響を受けてしまったであろう反応も、変えることができます。その後の反応が変わることによって、現在も変わるのです。

それから、もう一つの質問。「この肉体を去った後、再び地球へと転生すると思うか？」というテーマについて、ブルースに質問をしてみた。

どうしてこの質問をしてみようかと思ったのかと言うと、最近、スピリチュアルなことをしている多くの人から、「今生が最後である」か、または、「次の転生が最後になる」という話題を、よく耳にするから、ブルースはどう思っているのか、訊ねてみた。

ブルース：まず、確実に言えることは、この肉体を去った後、向こう側の住人になってから、こちら側の人たちを訪問するでしょう。適応するまでに、ある程度の時間は必要だと思いますが。そして子供たちを見守り続けるでしょう。もちろん、ファーロンも。それからワークショップにも、遊びに行くでしょう。これらは確実にすると思います。

今は想像もできないようなことも、おそらくすると思います。それは私にとって、大事なことでもあるでしょう。なぜかと言うと、私の中核は探求者だからです。何かを探求し、ある程度理解すると、次のことを探し始めます。何か面白いことを見つけたと思えば、その情報を共有しますが、その後にはもう次のことを探し始めています。

この物理的な現実にいると、自分は一箇所にしか存在していないという、感覚に陥ります。しかし、そうではありません。なので、今肉体を去った後にやってみたいと思っていることは、すべてを同時にできると思っています。

ケン：向こう側からの視点を得たとき、この物理的世界については、探索し尽した、という視点を得ることになるわけですね。そう思ったとき、この物理的世界での探求すべき好奇心がなくなれば、もう生まれて来ることはないのではないかとも思えますが。

ブルース：おそらく、また生まれて来ると思いますね。「もうこれが最後で、ここにはもう生まれ変わらない」と言う人もいますね。そう言う人には「オッケー」と言います。「では、今生はなぜここに来ているのか？」明確に説明をしてくれるなら、私はその考えを理解できると思います。もし今生が最後だと言うならば、なぜ、何をしにここに来ているのか？　理由があったからでしょう。「今回ここに来ることも、あなたが決めたことですよ。なぜ、何をするために生まれて来たのですか？」それを私に説明をしてくれるなら、理解できますが。

そのことを「もう生まれて来ない」と言う人に質問すると、「わかりません」と、だいたいの人はそのように答えます。戻って来ないと言う前に、「なぜ、何をしにここに来ているのか?を考えた方が良いと思いますよ」と答えます。

私は、40代の頃になりますが、今生はここで何をすべきなのか?という答えが、わかったときがありました。そしてそこから、ワークショップで教えるということを始めたのです。

ケン：なるほどね。探求者であるブルースらしい答えだと思います。

どうもありがとうございました。

ブルース・アレン・モーエン
2017年11月14日　フロリダにて旅立つ。
「これほどまで穏やかに、向こう側へと移行していった人を私は見たことがない」
最後の瞬間に立ち会っていたキャロルさんの言葉が、その瞬間の様子を物語っていると思う。「あと数年は生きていたい」と言っていたブルースが、そうすることを自分で選択した瞬間。残される人への愛といたわりと感謝を込めて、少しだけお別れになると告げて、静かにBODYを脱ぎ捨てていったのでしょう。

これはファーロン（奥様）の後日談。

ブルースが亡くなって、ちょうど一ヶ月くらい経ったある日のこと。

かつて感じたことがないほどの【愛と感謝】の感情がこみ上げてきて、どうしようもなく泣いたの。（いったいこれは何だろう？）と思ったその瞬間、ブルースが自分との繋がりを断とうとしているんだってことに気がついたの。

それはとても悲しいことだけど、あの日以来、それまでのような深い悲しみに囚われることがなくなったわ。

ブルースは、ファーロンを深い悲しみから解放するために、繋がりを絶ったのでしょう。でもそれは、絆や愛の深さ・関係性を断ち切るということではありません。ブルースを失ってしまった深い悲しみの感情を、ファーロンから断ち切るためのものでした。

それから一度だけ、夢の中でブルースと出会ったことがあるそうです。

それはブルースの膝の上で目が覚め、下からブルースの顎のラインを見ていたときに、（あ、ブルースだ！）って気がついて、とても興奮したそうです。そして「そっちの様子はどう？あなたが思っていた通りだった？」と訊くと、「だいたいは思っていた通りだったよ。でもね、少し違うところもあるけど」と、答えてくれたそうです。

肉体を有した存在として、意識での探索をするのと、完全に意識だけの存在になって見る世界とでは、クリアに認識できるレベルは断然違うものであろうから、「だいたいは同じだけど、ちょっと違うね」という答えは、ある意味驚きと言うか、さすがと言うか。

ブルースは自分の遺灰を、コロラド山脈とメキシコ湾に散灰して欲しいと、遺言をしていました。コロラド山脈に散灰するため、遺灰の半分は娘さんが持って帰りました。

ブルースの遺言である「メキシコ湾への散灰」に立ち会うため、２０１８年7月、三度目のフロリダ訪問をすることになりました。

さすがに三度目ともなると、もはや我が家のように落ち着く場所になっている。

懐かしいリビング。心地良いソファー。やわらかい日差しが差し込むダイニング。いつも寝室に使わせてもらっているブルースの書斎。いつまでも尽きることのないたくさんの話題を、飽きることなく眠くなるまで話したクリスマスの夜。すべてが懐かしく、たまらなく愛おしい。そしてこのデニーデンの街並みも、全米で一番美しいと言われている白い砂浜が続くビーチと、メキシコ湾に沈む夕陽も、ヨットハーバーも、イルカもマナティも、こんなにも愛着を感じるものかと思うほど、ここは特別な場所になっている。

「真冬を過ごすためだけにここを訪れる人も多い、避寒地なのですよ」と、ブルースが教えてくれたように、真冬と春と、そして夏にここを訪れたけど、一年を通して過ごしやすい気候で、多くの有名人の別荘があるのも頷ける、とても素晴らしい環境だ。

いつもブルースの庭にいるリスに会うのも、毎日の楽しみの一つだ。じっと眺めていると、逃げることなく、いつまでもそこにいる。小さい身体なのに、一日中ずっと何かしら食べている。

ブルースと出会ってから10年。共に過ごした時間は、ごくわずかな時間でしかない。でも決して時間では計り知れない、濃密な体験をし、深い絆を感じた。

ブルースが亡くなってから、最初に再会を果たしたのは、やはり私も夢の中だった。ブルースを認識した瞬間、意識が覚醒し、夢の中の意識状態として、ここにいることを認識している。

にっこり笑みを浮かべながら、ゆっくりと全身を見渡すように見つめてくる。そのゆっくりとした目の動きが、私の意識が覚醒しているのか、見極めているようにも感じた。

まず一目見て、お腹がすっきりとしていたので、本当に別人のようなフォルムだった。糖尿病の影響で、お腹が膨らんできてからのブルースしか知らなかったので、思わず「すごい。お腹すっきりして」と、最初にお腹のことを指摘してしまった。すると、「昔は痩せていたんですよ。病気になる前は、お腹は膨らんでいませんでした。マーガリンでそうなるとは、当時は知らなかったから」と、口元に笑みを浮かべながら答えてくれた。

今目の前で見ているブルースは、物質世界で見るのと区別がつかないくらい、クリアでリアルな存在だ。もちろん触れるし、ハグもできる。年齢は、推定50代。初めて会った頃よりも、さらに若いと思った。でも髪の毛が薄いから、見た目で年齢は判断しづらいけど。

そういえば、ボブも同じくらいの年齢だった。二人とも40代後半から50代半ばという印象だけど、髪が薄いので見た目の印象の正確さには自信はないが。でもこれ以上若いと、本当に誰だかわからないとも思った。

にっこり笑みを浮かべながら、ゆっくりと全身を見渡すように見つめてくるブルースを見て、なぜだかわからないけど、「座って話そう」と、その場に座ることを提案する。

二人でその場に腰かけて、話を続けた。

「自分はこれほどまでリアルにブルースを認識できるのに、同じような体験に導くことは難しい。皆にも同じように感じてもらうには、どうしたらいいんだろう?」

これが覚えている最後の会話で、でもこの質問には、ブルースは答えてはくれなかった。そういえば、ボブもそうであったことを思い出した。肝心な質問には、決して答えてはくれなかった。


ブルース・モーエンのワークショップに参加したことから始まった私の旅は、あまりにも衝撃的で、急激な展開で、人生の価値観を全く違うものとした。それは奇妙さと孤独を感じた日々を肯定してくれる、全く新しい価値観でもあった。私の世界を閉ざしていた壁が、一瞬で消えてしまったような開放感もあった。そしてここからの人生は、何をするのも楽しくなった。自分の人生は完璧だと、そこまで思えるようになった。これまでの自分であれば、完璧に満たされた日々を過ごしていると感じているはずだった。

物理的な世界での生活において、完璧だと感じられる日々であるのに、決して埋まることのない感覚は、消えるどころか、じわりじわりと占有している時間を増していった。

私は何をするために、ここに来たのか……。

私には、ここに来た目的がある。

私の中の埋まらない隙間は、やはりこの道を歩むことを求めている。

私たちが繰り返し歩んで来た道を、再び歩むべきだと。

私たちは様々な星で幾度となく生まれ変わり、何度も何度も、意識の探求を繰り返して。

そしてそのテクニックを人々に教え、二極化からの統合を図るために、お手伝いをしてきたのだと思います。

今生もまた、一人一人の意識の変容から、人類意識の変容へと変わる日のために、ここに来たのだと思います。

感情に囚われず、ジャッジすることなく、この世界を体験している感情を観察して。

執着を手放し、感情を手放し、葛藤を手放し、判断を手放し、エゴを手放し、ニュートラルな意識で、旅立つその日まで。

自分が存在しているこの現実は　自分に起こる出来事すべてに
本当は　善悪なんて無くて　事象はすべてニュートラルで
そこに意味付けをするのは自分で　それはエゴ（感情）
エゴがあるから　判断が生まれ　物語が創り出され　体験が生まれる
ポジティブも　ネガティブも
自分に起こる出来事は　すべて　自分が創る出来事

想像力は無限で　制限をかけるのは常識というマインド
昨日までの信念を手放して　宇宙のエネルギーに繋がり
無制限に広がる世界を　楽しんで

私たちは　この現実において　感情を体験している意識
この現実を旅立つときを向かえたとしても　それは一つのプロセスで
意識は絶えることなく　変容の旅を続けてゆくだけ
意識変容の旅に　終わりはなく
既知なる現実が　変わりゆくだけであることを
本当は　あなたも　きっと知っている

星海　ケン

■著者　星海 ケン（ほしみ けん）

1968年生まれ。38歳の時（2007年）に、ブルース・モーエン氏のワークショップに参加して、強烈な信念体系クラッシュを経験し、非物質世界にて、ボブ（ロバート）・モンロー氏と出会う。ボブから「私たちが地球に来る前に交わした、とても古い契約を、どうか思い出して欲しい」と言われ、「自分が地球に来た目的」について考えるようになるが、一度はスピリチュアルな世界に距離を置くことを選択する。

グアムにて、自分の集合意識とのコンタクトを体験し、再び「自分が地球に来た目的」について、考えるようになる。

現実生活がどんなに恵まれようと、物質世界だけでは、決して埋まることのない感覚があることに気づく。この隙間を満たしてくれる感覚を求め、好奇心に導かれるまま、もう一度、非物質世界への冒険を始める。

紆余曲折を経て、今は、人間の意識が拡大していくことを願って「意識領域の探索　ワークショップ」の活動を始めるようになる。

著書に『《モーエン流死後探索術》体験記　人は死んだらどこに行くのか』（ハート出版）がある。

意識は次元を超えて
―NEUTRAL―

●

2019年7月10日　初版発行

著者／星海ケン

発行者／今井博揮
発行所／株式会社ナチュラルスピリット
〒101-0051 東京都千代田区神田神保町3-2
高橋ビル2階
TEL 03-6450-5938 FAX 03-6450-5978
E-mail:info@naturalspirit.co.jp
ホームページ https://www.naturalspirit.co.jp/

印刷所／創栄図書印刷株式会社

ISBN978-4-86451-311-1 C0011

●新しい時代の意識をひらく、ナチュラルスピリットの本

喜びから人生を生きる！
アニータ・ムアジャーニ 著
奥野節子 訳
山川紘矢さん亜希子さん推薦！ 臨死体験によって大きな気づきを得、その結果、癌が数日で消えるという奇跡の実話。（医療記録付）
定価 本体一六〇〇円＋税

もしここが天国だったら？
アニータ・ムアジャーニ 著
奥野節子 訳
アニータ・ムアジャーニ待望の2作目。ステージⅣの末期癌から臨死体験を経て生還した著者。「向こう側の世界」で得た洞察を現実に活かすためのメッセージ。
定価 本体一七〇〇円＋税

肉体を超えた冒険
どのようにして体外離脱を経験するか
ウィリアム・ブールマン 著
二宮千恵 訳
体外離脱の達人の20数年の記録と研究の成果がここに記されている！ 自身の体験、科学的理論、体脱テクニックを網羅した群を抜く体外離脱の書。
定価 本体二二〇〇円＋税

前死体験
ホスピスの医師が見たスピリチュアルな体験記
ジョン・レーマ 著
牧野・M・美枝 訳
9歳の男の子、殺人犯、キリスト教の司祭や無神論者といった16人の末期患者が、振り返りを行い未解決の感情や問題を解決し安らかに旅立ちのときを迎えます。
定価 本体一八〇〇円＋税

魂の法則
ヴィセント・ギリェム 著
小坂真理 訳
スペイン人のバレンシア大学病院のがん遺伝子の研究者の著者が、幽体離脱で出会ったイザヤと名乗る存在から教えられた「魂と生き方の真実」とは？
定価 本体一五〇〇円＋税

愛の法則
魂の法則Ⅱ
ヴィセント・ギリェム 著
小坂真理 訳
魂の真実を伝える大好評の『魂の法則』の続編。「魂の法則」の中で最も重要な「愛の法則」について解説！ 霊的存在のイザヤが、著者の質問に懇切丁寧に回答！
定価 本体一二〇〇円＋税

光の秘密
天国からのレッスン
ダニオン・ブリンクリー
キャスリン・ブリンクリー 著
小川昭子 訳
三度の臨死体験をした男が、体験を通して得たものとは？「パノラマ人生レビュー」、十三の光の存在から見せられたヴィジョン、ブルーグレーの世界などを語る。
定価 本体一五〇〇円＋税

お近くの書店、インターネット書店、および小社でお求めになれます。